Clemens Amelunxen
Vierzig Jahre Dienst am sozialen Rechtsstaat
Rudolf Amelunxen zum 100. Geburtstag
Porträt eines Demokraten

Schriftenreihe
der
Juristischen Gesellschaft zu Berlin

Heft 110

W DE G

1988
Walter de Gruyter · Berlin · New York

Vierzig Jahre Dienst am sozialen Rechtsstaat

Rudolf Amelunxen zum 100. Geburtstag
Porträt eines Demokraten

Von
Clemens Amelunxen

Erweiterte Fassung eines Vortrags
gehalten vor der
Juristischen Gesellschaft zu Berlin
am 20. April 1988

W
DE
G

1988

Walter des Gruyter · Berlin · New York

Dr. jur. Clemens Amelunxen
Vorsitzender Richter am Oberlandesgericht Düsseldorf,
stellvertretender Vorsitzender des Justizprüfungsamtes Düsseldorf

CIP-Kurztitelaufnahme der Deutschen Bibliothek

Amelunxen, Clemens:
Vierzig Jahre Dienst am sozialen Rechtsstaat : Rudolf
Amelunxen zum 100. Geburtstag ; Portr. e. Demokraten ; erw.
Fassung e. Vortrags gehalten vor d. Jurist. Ges. zu Berlin am
20. April 1988 / von Clemens Amelunxen. – Berlin ; New York
: de Gruyter, 1988
  (Schriftenreihe der Juristischen Gesellschaft e. V. Berlin ; H. 110)
  ISBN 3-11-011704-5
NE: Juristische Gesellschaft ⟨Berlin, West⟩: Schriftenreihe der
  Juristischen ...

Inhalt

I. Herkunft und Lehrzeit

Ein vergessener Name

Unter den Politikern der „ersten Stunde", die nach 1945 zum Aufbau der Bundesrepublik Deutschland und ihrer Länder beitrugen, wird der Name Rudolf Amelunxen nicht häufig genannt.

Das mag verwundern, denn die zeitgeschichtliche Mitwirkung dieses Mannes war nach Laufbahn und Leistung beträchtlich. Seit 1919 erzogen in der hohen Berliner Schule der preußischen Staatsführung, war er jüngster Regierungspräsident der Weimarer Republik, wurde von der Tyrannis seines Amtes enthoben und ins innere Exil verwiesen, war nach dem Zusammenbruch letzter Oberpräsident der Provinz Westfalen und erster Ministerpräsident des neuen Landes Nordrhein-Westfalen, dem er auch als Kultus- und Sozialminister, dann viele Jahre bis 1958 als Justizminister diente. Mit seinem Namen verbinden sich Tradition und Fortschritt, Niedergang und Neubeginn, insgesamt staatliche Entwicklungen und juristische Reformen, die bis heute fortwirken.

Wenn dieser Mann gleichwohl, wie ein deutsches Magazin 1969 bei seinem Tode schrieb, nach dem Ende seines öffentliches Wirkens „in Vergessenheit geriet" – aus der ihn das vierzigjährige Gründungsjubiläum von Nordrhein-Westfalen wohl nur kurzfristig herausholte – so wird man den Grund dafür nicht zuletzt in Strukturen seiner eigenen Persönlichkeit finden können.

Rudolf Amelunxen war kein Volkstribun, der die Massen zu bewegen vermochte (oder dies auch nur wollte). Politiker, gar Parteimann, war er nach eigenem Verständnis nicht. Seinen Mut zu unpopulären, nur dem eigenen Gewissen verpflichteten Entscheidungen hat er zeitlebens bewiesen und dabei private Nachteile, ja Lebensgefahr, in Kauf genommen. Das heute so beliebte „Bad in der Menge" hätte er für den Ausfluß verderblicher Eitelkeit gehalten. Seine Hilfe haben viele erfahren, seine Freundschaft nur wenige – Menschen, die er duzte, waren an den Fingern einer Hand zu zählen.

Im Herzen ein glühender Demokrat und Patriot, trat er den Mitmenschen doch nüchtern, bisweilen kühl entgegen, in Selbstbeschränkung auf die Funktion als Diener an Staat und Volk, ausgerichtet am strengen republikanischen Ethos, dem er sich schon in jungen Jahren ergeben hatte. Solche Lebenshaltungen werden von Umwelt und Nachwelt vielleicht mit Respekt, aber nicht unbedingt mit Zuwendung, Affektion und langem Gedenken honoriert.

Im Zeichen des Krebses

Wilhelm Rudolf Konrad Amelunxen – so lauteten seine sämtlichen Vornamen – wurde geboren zu Köln am Rhein, im Dreikaiserjahr, am 30. Juni 1888, im Zeichen des Krebses. Wenn man diesem Sternbild etwa folgende Eigenschaften zuschreibt: Zurückhaltung und Besinnlichkeit, geistige Disziplin und Treue zu Idealen, beharrliche Zielstrebigkeit, Unbeirrbarkeit bei Mißerfolg und Rückschlag, aber auch die konsequente Ablehnung, Gefühle nach außen zu zeigen – dann sind dem Knaben diese Merkmale mit seltener Kompression in die Wiege gelegt worden.

Ein goldener Löffel wurde ihm nicht in den Mund gelegt. Die Familie gehörte damals zum mittleren Bürgertum, obwohl sie sehr alt war, ihre Ursprünge bis ins Hochmittelalter zurückverfolgen konnte und in vergangenen Jahrhunderten auch bedeutende Figuren hervorgebracht hatte: einen Kanzler des Kurerzbistums Köln, einen Universitätsrektor, hohe Beamte und Geistliche. Man stammte aus dem östlichen Westfalen, aus dem geographischen Dreieck zwischen dem Dorf Amelunxen (spätrömisch: „amoenus locus", angenehmer Ort) im Weserbergland, dem Hexen-Städtchen Geseke in der Paderborner Börde und dem Schwammklöpper-Städtchen Fredeburg im Sauerland.

Der bürgerliche Zweig der Familie war katholisch, der adlige schon früh seit der Reformation evangelisch. Mehrere Mitglieder des letzteren Zweiges hatten in der Franzosenzeit unter Jerome Bonaparte in dessen kurzlebigem „Königreich Westphalen" als Offiziere und Magistrate gedient. Einer war auf dem russischen Schlachtfeld von Borodino mit der Ehrenlegion dekoriert und befördert worden; er stieg später zum kurhessischen Generalmajor auf. Ein anderer hatte sich geweigert, in russischer Kriegsgefangenschaft einer vom Zaren gegründeten „deutschen Fremdenlegion" beizutreten, weil er den seinem König Jerome geleisteten Treueid nicht brechen wollte.

Dies erklärt wohl Amelunxens stets lebendiges, später auch dem Sohn vermitteltes Interesse an der napoleonischen Ära, die im Westen des Vaterlandes erstmals Freiheit und Gleichheit der Bürger durchgesetzt hatte.

Rudolfs Vater stand als Rechnungsrat im Dienst der preußischen Eisenbahnverwaltung, und infolge seiner häufigen Versetzungen war die Geburt des Knaben im Rheinland eher ein dienstlicher Zufall. Trotz des rheinischen Klangs seiner Sprache und seiner Anhänglichkeit an die Vaterstadt Köln hat Amelunxen immer seine stammesartliche Verwurzelung als Westfale betont, wie ihn auch seine hohe Körpergestalt, sein mächtiger Schädel und sein schwerblütiges Temperament eindeutig als solchen auswiesen.

Rudolf wurde in der Kirche St. Kunibert katholisch getauft und wuchs als zweites von vier Geschwistern auf; Bruder Bruno starb in jungen Jahren, Bruder Kurt wurde Bankbeamter und fiel im Zweiten Weltkrieg, die ältere Schwester Elisabeth wurde Stadtfürsorgerin in Köln und überlebte Rudolf um einige Jahre. Wie andere Kinder jener Zeit, als in Köln noch die Pferdebahn fuhr, wurde er zur Erbauung der Verwandten auf einem Eisbärfell fotografiert und erfreute sich später an den Lakritzen, Pfefferminzplätzchen und Cremehütchen, mit denen brave Knaben für die Begleitung der Fronleichnamsprozession belohnt wurden.

Schule und Studium

Er besuchte die Volksschule am Eigelstein und das berühmte Apostelgymnasium. Dort blieb er zweimal sitzen – einmal mehr als Napoleon, ebenso oft wie Bismarck und Einstein, einmal weniger als Thomas Mann. Er war ein typischer Spätentwickler, dem auch in erwachsenen Jahren (wie er selbst wußte) eine gewisse Begriffsstutzigkeit, ein Mangel am intuitiven Erfassen von Situationen eignete. Unter der Prügel-Pädagogik der damaligen preußischen Lehranstalten, in denen vom Rohrstock exzessiv Gebrauch gemacht wurde, hatte er nach eigener Aussage oft zu leiden.

Das Abitur hingegen bestand Rudolf mit Glanz. Dann – als Alternative hatte er vorübergehend ein Theologiestudium in Betracht gezogen – studierte er die Rechte in Freiburg, Berlin und Bonn, wobei er sich nicht nur auf die juristischen Fächer beschränkte, sondern auch Geschichte, Philosophie, Nationalökonomie und Psychiatrie einbezog. Die Namen seiner großen Lehrer Richard Schmidt, Gerhard von Schulze-Gaevernitz, Alfred Hoche und Benedikt Schmittmann hat er oft respektvoll genannt.

Der Sonnenschein-Kreis

Wichtiger noch, und seine geistig-politische Zukunft prägend, war in Berlin sein Anschluß an die sozialstudentische Bewegung Carl Sonnenscheins, die sich – grob gesagt – darum bemühte, die „Kluft zwischen Akademikern und Arbeitern" zu schließen. Amelunxen hielt bald Vorträge und Kurse in Arbeiterkreisen über populärjuristische, soziale und wirtschaftliche Fragen, sprach auch auf Kongressen und veröffentlichte seine ersten Schriften: „Großstadtelend", „Rechtsstudium und Sozialarbeit" und „Studentische Jugendgerichtshilfe".

1912 bestand er in Köln das Erste Staatsexamen mit der Note „Ausreichend". In seiner Referendarzeit, die er zum Teil an idyllischen Amtsgerichten wie Eitorf an der Sieg verbrachte, wurde er bereits zum Dozenten an der Frauenwohlfahrtsschule in Köln berufen – und lehrte dort ganz im

Sinne seines Mentors Sonnenschein. Mitglied einer studentischen Verbindung ist er nie geworden; er blieb ein „Wilder", wie man die Nichtkorporierten damals nannte – weil er anderes (wie er meinte, besseres) zu tun hatte.

Zwei Jahre später promovierte er in Erlangen mit einer Arbeit über die „Verletzung der Unterhaltspflicht des unehelichen Vaters" – nach eigenem Bekenntnis keineswegs ein Meisterwerk, wenngleich das Thema wohl im Kreis seiner sozialen Interessen lag; aber jene Hochschule war seinerzeit bekannt für schnelle und schmerzlose Promotionen. Die Fertigstellung der Dissertation hat Amelunxen nicht länger als sechs Wochen in Anspruch genommen...

Unterhaltszuschüsse für Referendare waren damals unbekannt, und so lebte Amelunxen im wesentlichen „von der Feder" – das heißt, von den knappen Einkünften seiner Zeitungsartikel und Vorträge; der Vater, der mit seinem Beamtengehalt des gehobenen Dienstes eine vielköpfige Familie unterhalten mußte, konnte ihm nur selten kleinere Beträge zuwenden.

II. Zivilkommissar in Belgien

Ein Amt in Namur

Die mehrfach aufgestellte Behauptung, Amelunxen sei (wie Adenauer) niemals Soldat gewesen, ist falsch. Er war es, sogar als „Einjährig-Freiwilliger", kurz vor Ausbruch des Ersten Weltkriegs, bei der bespannten Artillerie, bis der unglückliche Hufschlag eines Lafettengauls namens „Theodor" seiner militärischen Laufbahn ein jähes Ende machte. Mit erheblicher Blessur im Lazarett liegend, wurde er von der patriotischen Verwandtschaft bedauert, weil er zum bald erhofften Sieg der deutschen Waffen wohl zu spät käme.

Aber das Vaterland brauchte ihn doch und kommandierte ihn 1915 zum deutschen Zivilgouvernement ins besetzte Belgien. Man bekleidete ihn mit der Uniform eines preußischen Heeresverwaltungsbeamten (eines „Buntspechts", wie das später hieß) im angeglichenen Dienstgrad eines Majors, mit dicken Raupen auf den Schulterstücken. Dann wurde er „Commissaire civil" von Stadt und Landkreis Namur – eine dem preußischen Landrat entsprechende Position, die für einen 26jährigen Referendar wohl nur in Kriegszeiten erreichbar war. Amelunxen füllte sie aus mit Elan und Verve.

Da er die – im wallonischen Teil Belgiens unverzichtbare – französische Sprache noch kaum beherrschte, ließ er sich sofort intensiven Privatunterricht geben, nahm einen „Crash-Kurs", wie man heute sagen würde, und nach kurzer Zeit sprach und schrieb er ein passables, später sogar fast elegantes Französisch.

Verwaltung des Mangels

Als Zivilkommissar zwischen Sambre und Maas führte Amelunxen mit milder Hand die Aufsicht über die in Stadt und Kreis Namur verbliebenen einheimischen Beamten der belgischen Arrondissement-Verwaltung. Er hatte für die öffentliche Sicherheit zu sorgen und ansonsten, gemäß den Bestimmungen der Haager Landkriegsordnung, belgische Gesetze anzuwenden.

Im übrigen oblag ihm, womit er einen Vorgeschmack seiner späteren Aufgaben nach dem Zweiten Weltkrieg bekam, die Verwaltung des Mangels. Er organisierte nach besten Kräften die Lebensmittelversorgung der hungernden belgischen Zivilbevölkerung, installierte eine Marmeladenfabrik und veranstaltete Sammlungen: Eicheln für die Schweinemast, Brennesseln für die Textilindustrie und Kastanien für die Herstellung von Stärke. „C'est la guerre, nix pommes de terre" – dieses ironische Bonmot seiner Untertanen hat er oft zitiert. Auch hatte er sich um die Anlage und Pflege von Kriegsgräberfriedhöfen für deutsche und belgische Gefallene zu kümmern, wobei ihm der später berühmte Architekt Professor Kreis behilflich war.

Begegnung mit Kardinal Mercier

In der Benediktinerabtei Maredsous machte Amelunxen die Bekanntschaft des Erzbischofs von Mecheln und Primas von Belgien, Kardinal Désiré Mercier. Das war der geistige und geistliche Führer des belgischen passiven Widerstands gegen das deutsche Besatzungsregime. Der ebenso mutige wie erleuchtete Kirchenfürst, der mehrfach mit knapper Not seiner Verhaftung entging, hatte seinen Gläubigen in einem Hirtenbrief öffentlich erklärt, sie seien nach Lehre der katholischen Moraltheologie nicht im Gewissen verpflichtet, den Deutschen und ihren Anordnungen Gehorsam zu leisten.

Die Begegnung mit Eminenz Mercier hat den jungen Zivilkommissar stark beeindruckt. Zwischen beiden Männern kam es wiederholt zu privaten Begegnungen und stundenlangen Gesprächen, die Amelunxen nicht unbedingt das Wohlwollen seiner mißtrauischen Vorgesetzten eintrugen, zumal Mercier seine sachliche Arbeit im besetzten Gebiet ausdrücklich anerkannte. Für seine Bemühungen um das Schul- und Krankenhauswesen, die Säuglingspflege und die Altenfürsorge seines Bezirks ist Amelunxen denn auch nicht nur vom deutschen, sondern ebenso vom belgischen Roten Kreuz dekoriert worden.

„Ich bin ein Demokrat!"

Von Zeugen verbürgt ist diese Anekdote aus der belgischen Etappe. Als der Kaiserliche Generalgouverneur von Bissing einmal im größeren Cercle über „Demokraten" schimpfte, die im Reich immer frecher würden, bemerkte Amelunxen vor versammelter Kasino-Gesellschaft mit einiger Zivilcourage: „Wenn Exzellenz mal einen richtigen Demokraten sehen wollen – hier, ich bin einer!"

Der höchste Vorgesetzte nahm dem naseweisen Zivilkommissar dieses Bekenntnis zwar persönlich übel, schrieb ihm aber – als korrekter Ehrenmann, der er war – eine glänzende dienstliche Beurteilung.

Ausbilder eines Prinzen

Mehr Anklang mit seinen sozialen und politischen Ideen fand Amelunxen ausgerechnet bei einem deutschen Bundesfürsten, Heinrich XXVII. von Reuss Jüngerer Linie, der als Generalmajor im preußischen Heer diente. Der Zwergfürst war bekannt als fortschrittlicher Mann, der sein winziges thüringisches Ländchen mit unkonventionellen Methoden und wirtschaftlichem Verstand trefflich administrierte. Er bot Amelunxen an, nebenberuflich die Aufgabe eines Haus-Instruktors seines Sohnes, des Erbprinzen, zu übernehmen. Amelunxen zeigte sich verblüfft: „Für diese Funktion eigne ich mich kaum, weil ich nach Auffassung Eurer Durchlaucht doch wohl zu weit links stehe!" Worauf Fürst Heinrich trocken erwiderte: „So weit links wie Sie stehe ich selbst, lieber Doktor. Und ich weiß, daß nach dem Krieg, wie er auch ausgehen mag, in Deutschland ganz anders regiert werden muß als bisher!"

So kam Amelunxen zu einem ungewöhnlichen Ehrenamt, das er mit Gründlichkeit wahrnahm. Er gab dem Erbprinzen (der später Theaterregisseur in Gera wurde und nach dem Zweiten Weltkrieg in russischer Gefangenschaft verschollen ist) mit Vorträgen, Besichtigungen und Exkursionen Privatunterricht auf juristisch-historischem, staats- und sozialpolitischem Gebiet.

Der offenbar dankbare Vater verlieh dem Instruktor noch kurz vor dem Waffenstillstand das Zivil-Ehrenkreuz III. Klasse seines Mini-Staates; ein höherer Grad war einem Referendar, der Amelunxen ja immer noch war, nach damaligem Ordensverständnis nicht zugänglich... Nach den deutschen und belgischen Rotkreuz-Medaillen und dem Eisernen Kreuz II. Klasse war diese immerhin seltene Auszeichnung die letzte, die Amelunxen in seinem Leben angenommen hat.

Die Zeit als Zivilkommissar im besetzten Belgien hat Amelunxen später selbst als persönlich wichtig und als lehrreich für seine Verwaltungslaufbahn erachtet. Er hatte unorthodoxe Erfahrungen gesammelt, hatte Menschenkenntnis erworben, war ein Praktiker im guten Sinne geworden. Das sollte sich nun positiv auswirken. Kontakte, die damals begründet wurden, hat er noch jahrzehntelang weiter gepflegt. Das alte Festungsstädtchen Namur besuchte er 1958, vierzig Jahre nach dem Ende seiner dortigen Tätigkeit, zum letzten Mal, nicht ohne innere Bewegung. Von den Mönchen der Abtei Maredsous, mit denen er damals freundschaftlich verkehrt hatte, lebte keiner mehr. Und Désiré Mercier, der große Kardinal, Patriot und Bekenner, war schon 1926 gestorben.

Freilich: Amelunxens tiefgehende Abneigung gegen Militarismus, übersteigerten Nationalismus und Kadavergehorsam wurzelt auch in dieser belgischen Epoche, und den Sturz der Throne im November 1918 hat er gewiß nicht bedauert.

III. Preußischer Chefbeamter

Zwischenspiel als Richter

Nach diesem Sturz legte Amelunxen in Berlin das Zweite Staatsexamen ab, trat in den Justizdienst ein und war einige Monate als Gerichtsassessor in Köln Beisitzer einer Strafkammer – für ihn eine flüchtige Episode, die ihm kurioserweise 1945 das besondere Ansehen britischer Besatzungsoffiziere eintrug, weil er eben „sogar einmal Richter" gewesen war. Zu diesem Beruf – der ihm zu wenig Möglichkeiten zu bieten schien, Dinge zu bewirken und zu bewegen, die ihm am Herzen lagen – fühlte er sich nicht hingezogen.

Ministerialdienst in Berlin

Schon 1919 wurde er, als Regierungsrat und persönlicher Referent des Ministers Adam Stegerwald, in das neuerrichtete preußische Wohlfahrtsministerium berufen. Es war Carl Sonnenschein, dessen ehrenamtlicher Mitarbeiter er weiterhin blieb, der ihm diesen Ruf vermittelte; auch politische Kreise des linken Flügels der Zentrumspartei waren auf den schrift- und redegewandten, fortschrittlich denkenden Jungjuristen aufmerksam geworden und hatten ihn der preußischen Regierung empfohlen.

Drei Jahre später war Amelunxen im „Vorzimmer der Macht" angelangt. Der sozialdemokratische Ministerpräsident Otto Braun holte den katholischen Zentrumsmann als seinen persönlichen Referenten in die preußische Staatskanzlei, wo er 1923 mit beamtenrechtlicher Ausnahmegenehmigung – er hatte das Mindestalter von 35 Jahren noch nicht ganz erreicht – Ministerialrat wurde. Zuvor hatte er das Amt eines Beigeordneten in seiner Vaterstadt, das ihm vom Kölner Oberbürgermeister Konrad Adenauer angeboten worden war, trotz der erheblich höheren Dotierung abgelehnt. Bis 1926 blieb er in Berlin tätig.

Es waren dies die wohl arbeitsreichsten Jahre in Amelunxens Beamten-
laufbahn. Sie fielen teilweise zusammen mit Berlins „goldenen Jahren",
jener einmaligen geistig-kulturellen Blüte der Reichshauptstadt. Von der
gesellschaftlichen Turbulenz, dem fröhlichen „laisser-aller" dieser Zeit hat
Amelunxen kaum einen Hauch verspürt. Die preußische Staatskanzlei,
mit nur drei bis vier leitenden Beamten unterbesetzt, schuftete bis in die
Nächte hinein, zuweilen rund um die Uhr.

Amelunxen hatte seinem Ministerpräsidenten täglich Vortrag zu halten
und dessen Reden zu entwerfen. Er bereitete die Kabinettssitzungen vor,
nahm an ihnen assistierend und protokollierend teil, koordinierte die
Arbeit der preußischen Ministerien und hielt Kontakt zur Reichskanzlei.
Während des „Ruhrkampfes", des passiven Widerstands der westdeutschen Bevölkerung gegen die Siegermächte, und der nachfolgenden fran-
zösisch-belgischen Rheinlandbesetzung mußte er mit den alliierten
Behörden verhandeln, wurde gelegentlich auch mit falschem Pass in
geheimer Mission nach Westen geschickt. Stets hat er den Ministerpräsidenten, mehrfach auch den Reichskanzler und den Reichspräsidenten auf
Dienstreisen begleitet. Dabei ist ihm Ostpreußen, die wald- und wasser-
reiche Heimat Otto Brauns und Paul von Hindenburgs, besonders ans
Herz gewachsen.

Erneut bewies er auch Mut zum zivilen Ungehorsam. Als die Regierung dem Kölner Kardinalerzbischof Schulte eine Einladung zu den
offiziellen Feiern der „Rheinlandbefreiung" verweigern wollte, bat Amelunxen den Ministerpräsidenten um seine Entlassung aus dem Staatsdienst. Otto Braun überlegte zwei Stunden, dann gab er nach: der
Kardinal wurde eingeladen, und Amelunxen blieb im Amt.

Sparsam erzogen und immer noch Junggeselle, bewohnte er damals ein
dürftiges Mietzimmer in Berlin-Lichterfelde, das er ohnehin erst spät
nachts zu sehen bekam. Seine einzige Erholung in jenen Jahren bestand
darin, daß er am Sonntagmorgen das römisch-irische Dampfbad im
Admiralspalast aufsuchte und dann im Hotel Adlon „zwei Eier im Glas"
frühstückte. Die detaillierte Personalkenntnis und die vielfältigen Verbin-
dungen, die ihm zuwuchsen, sind ihm später wesentlich zustatten gekommen, als er 1945 die westfälische Provinzialregierung und 1946 die erste
Landesregierung von Nordrhein-Westfalen aufbauen mußte.

An ehrenvollen Berufungen und Nebenämtern war kein Mangel. Amelunxen wurde Vorstandsmitglied des Deutschen Roten Kreuzes und der
Nationalstiftung für die Kriegsgefallenen und Hinterbliebenen, Mitglied
des Ärztlichen Ehrengerichtshofes in Berlin und Kurator des Reichsanzei-
gers. 1925 war er deutscher Delegierter bei der Kopenhagener Kulturkon-
ferenz und 1926 Delegierter beim Internationalen Wohnungskongreß in
Rom.

Die Ministerialräte der Staatskanzlei konnten das mörderische Arbeitstempo nicht lebenslänglich ertragen. Das war auch nicht der Sinn ihres Einsatzes. Nach einigen Jahren konnten sie alle in Chef-Positionen der inneren Verwaltung überwechseln und aufsteigen. Wer reüssiert hatte, durfte sich einen freiwerdenden Regierungsbezirk aussuchen, und wer nur seine Pflicht ohne besonderen Glanz erfüllte, war immer noch gut für ein größeres Landratsamt in der Provinz.

Regierungspräsident in Münster

Schon 1925 hatte Amelunxen den ihm angebotenen Regierungsbezirk Breslau ausgeschlagen (weil er fürchtete, mit der ihm stammesartlich eher fremden niederschlesischen Bevölkerung nicht so gut auszukommen). 1926 wurde die Regierung in Münster frei, und diesmal griff er zu. Münster, der nordwestliche Teil der Provinz Westfalen, war der viertgrößte preußische Regierungsbezirk, und mit knapp 38 Jahren wurde er dort Regierungspräsident – der jüngste in Preußen.

Sein Gönner Otto Braun hatte an die Beförderung nur eine Bedingung geknüpft: er müsse endlich heiraten, um als Chefbeamter in exponierter Stellung angemessen repräsentieren zu können. Amelunxen verband die Pflicht mit der Neigung; im November 1926 schloß er die Ehe mit der Tochter Maria des Wuppertaler Bauunternehmers Clemens Schmidt. Das Paar bezog die Dienstvilla des Regierungspräsidenten in Münster, das ehemalige herzogliche Palais Aremberg an der Piusallee, und 1927 wurde das einzige Kind, der Sohn Clemens, geboren. Spätere Sticheleien der Familie, warum es in der Ehe denn bei einem Kind geblieben sei, fertigte er bündig ab: „Auch die Elefanten haben immer nur ein Kind, aber dafür ist das auch ein Elefant – !"

Amelunxens Ernennung wurde im Münsterland nicht einhellig begrüßt. Für ihn standen die Bauern und die Bergarbeiter, die Gewerkschaften und die katholischen Verbände, der niedere Klerus und die Studenten: in diesen Kreisen hatte sein Name schon einen guten Klang. Weniger erbaut von seinem Dienstantritt und seiner Amtsführung waren der Adel und die höhere Geistlichkeit, die Reichswehr und manche Professoren, auch gewisse Spießbürger-Kreise vom rechten Zentrumsflügel und natürlich die Deutschnationalen – kurz alle, die sich mit der Weimarer Verfassung nicht befreunden konnten und der Republik mit Ablehnung, bestenfalls mit kühler Distanz gegenüberstanden.

Der neue Regierungspräsident bestätigte die Hoffnungen der einen ebenso wie die Befürchtungen der anderen. In einem Punkt überraschte er alle: am gesellschaftlichen Leben, das in der Haute volée der Behördenstadt Münster großgeschrieben wurde, nahm er praktisch nicht teil, sehr zum Leidwesen seiner zwölf Jahre jüngeren Frau. Empfänge gab und besuchte er selten, Bälle niemals, Theater und Oper verließ er (wenn er denn schon hingehen mußte) nach dem ersten Akt der Darbietung. „Ich repräsentiere durch Arbeit", bemerkte er knapp, wenn er auf dieses Defizit angesprochen wurde.

Kurz, er arbeitete in Münster kaum anders, als er es in Berlin gelernt und getan hatte. In den sechs Jahren seiner dortigen Amtszeit kümmerte er sich um die Förderung der Landwirtschaft und der Textilindustrie, um die Sicherheit der Kohlengruben, um den Straßenbau, den Naturschutz und die Kommunalreform, aber auch um das Bildungswesen als Vorsitzender des volkswirtschaftlichen Prüfungsamts der Universität Münster. Den ihm hierfür nach gemessener Frist angebotenen Ehrendoktorhut lehnte er ab mit dem ebenso kurzen wie höflichen Bemerken, die Ehrendoktorwürde gebühre nach seiner Auffassung nur Menschen, die außergewöhnliche wissenschaftliche Leistungen erbracht hätten – und solcher könne er sich nicht rühmen.

Im Fieber der Eingemeindung

Gegen ungesunde Tendenzen der damaligen Kommunalreform setzte Amelunxen sich zur Wehr, ohne freilich mehr als hinhaltenden Widerstand leisten zu können. Im Hinblick auf das Fieber der Eingemeindungen, das vierzig Jahre später erneut in der Bundesrepublik Deutschland grassierte, wirken seine Tagebuchnotizen aus dem Jahre 1929 erstaunlich modern:

„Die vorherrschende Tendenz im gegenwärtigen Eingemeindungskampf ist eine Vergrößerung der Großstädte auf Kosten der angrenzenden Landkreise oder durch Zusammenfassung mehrerer Städte zu einem Gesamt-Munizipalwesen. Stellenweise ist die Neigung vorhanden, unübersehbare kommunale Mammutgebilde entstehen zu lassen, die in der Eingemeindungssprache ‚Scheibenstädte' genannt werden. Zweifellos lassen sich durch eine vorsichtige Eingemeindungspolitik manche Verwaltungsverbilligungen erreichen, aber zur Zeit hat es in den Westprovinzen den Anschein, als ob die Eingemeindungsbestrebungen sich übersteigert hätten. Man möchte die kommunale Gliederung überall ändern und keinen Grenzstein unverrückt lassen. Wir Deutsche machen alles, war wir tun, gründlichst..."

Auch Lächerlichkeiten, die sich später wiederholten, spießte Amelunxen schon damals auf:

„In den letzten Monaten fanden vier große Eingemeindungs-Bereisungen in den drei westfälischen Regierungsbezirken statt. Eine Autokolonne von sechzig Kraftwagen mit Ministern und Abgeordneten, mit den örtlichen Beamten und Pressereportern schlängelte sich durch fast alle Städte und Kreise und Dörfer durch das Land des Westens. An den Straßenrändern stand die Bevölkerung Spalier, bewaffnet mit Schildern und Symbolen, durch die sie den Fachleuten ihren Willen, eingemeindet zu werden oder selbständig zu bleiben, kundtat. Die Zeitungen berichteten auf ihren ersten Seiten mit illustrierten Leitartikeln darüber, mit einem Aufwand, der nicht wuchtiger hätte sein können, als wenn die Westprovinzen durch eine fremde Macht erobert worden wären. Die Rathäuser glichen Hexenkesseln, sie waren mit Landkarten, Grünflächenmodellen und anderen Anschauungsmaterialien vom Boden bis zur Decke tapeziert. Man glaubte, in das Stabsquartier einer kämpfenden Armee verschlagen zu sein..."

Und was das Allzumenschliche betrifft, so glaubt man sich ebenso wieder in die Gegenwart versetzt:

„Jeder Bürgermeister und Landrat, der im Wege der Eingemeindung das Areal seiner Stadt oder seines Kreises vergrößern möchte oder Gefahr für seinen Bezirk witterte, kam zu Wort, jeder fünf Minuten, sonst wären die hitzigen Debatten gar nicht zu Ende gegangen. Einige der Redner ergänzten ihre feuilletonistischen Ausführungen mit Lichtbildern oder Trickfilmen. Dabei verfeindete sich der eine mit dem anderen, Lebensfreundschaften gingen in die Brüche, und alle sind übernervös geworden. Einer der wenigen Männer, welche die Dinge mit Gleichmut begleiten, ist mein Eingemeindungsdezernent – aber der ist ein Schlesier!"

Kampf gegen Staatsfeinde

Wichtiger als alles, was jeder fähige Verwaltungsmann ebenso geleistet hätte wie er, war Amelunxens kompromißloses Regiment im Sinne des demokratischen Staates, der Republik von Weimar. Gegen Säbelgerassel, Klassendenken, politischen Extremismus, Adelsdünkel und Akademikerfimmel zog er alljährlich zu Felde in seiner Festrede zum Verfassungstag, am 11. August, vom Balkon seines Präsidiums am Domplatz herab. Er wandte sich gegen eine Wissenschaft, die sich in den Elfenbeinturm der Gesellschafts- und Staatsferne zurückzieht. Den naiven Anspruch münsterländischer Barone, „geborene Führer des Volkes" zu sein, wies er energisch zurück. Wer in sturem Protest immer noch die Farben Schwarz-Weiß-Rot öffentlich zeigte, dem wurde die Fahne polizeilich vom Dach geholt – mit der dringenden Empfehlung, die schwarz-rot-goldene Reichsflagge zu hissen.

Gegen die aufkommende Pest des Nationalsozialismus ergriff Amelunxen die wirksamste aller Maßnahmen im ganzen Staatsgebiet. Er untersagte sämtlichen Oberbürgermeistern und Landräten seines Bezirks, im öffentlichen Eigentum stehende Säle der Nazipartei als einer staatsfeindlichen Vereinigung für Versammlungen zu vermieten. Da nun fast alle für Großkundgebungen geeigneten Räume dem Staat oder den Kommunen gehörten, konnten Hitler, Goebbels und andere Naziführer bis 1932 keine einzige öffentliche Rede im Münsterland halten. Den Gauleiter Alfred Meyer, der sich darüber lautstark bei ihm beschwerte, ließ Amelunxen mit Brachialgewalt aus dem Regierungsgebäude an die Luft setzen.

Papen-Putsch und Entlassung

Die Nazis bewiesen ein gutes Gedächtnis, als Reichskanzler von Papen am 20. Juli 1932 seinen berüchtigten „Putsch auf Preußen" mit Hilfe der Reichswehr ausführte. Unter 33 hohen Verwaltungsbeamten, die schlagartig am gleichen Tag ihrer Ämter enthoben wurden, war auch Rudolf Amelunxen – übrigens als einziger Zentrumsmann. Mit einiger Sicherheit ist es Joseph Goebbels gewesen, der namens der NSDAP auf Amelunxens Abberufung bestanden hat – ihn als Propagandachef seiner Partei hatten Amelunxens Maßnahmen ja am empfindlichsten betroffen.

Aber auch Franz von Papen kam dieser Wunsch nicht ungelegen. Er hatte eine alte Rechnung zu begleichen. Amelunxen hatte ihm eine Aufwandsentschädigung, die er als ehrenamtlicher Bürgermeister seines Heimatdorfes Merfeld im Münsterland beanspruchte, aus fiskalischen Gründen um mehr als die Hälfte gekürzt – hier konnte persönliche Rache geübt werden, und sie wurde es.

Jenes Telegramm aus Berlin, mit dem ihm die sofortige Niederlegung seiner Amtsgeschäfte befohlen wurde, weil er „nicht mehr das Vertrauen des Volkes besitze", hat Amelunxen den wohl schwärzesten Tag seines Lebens bereitet. Er schrieb in sein Tagebuch: „Ich mußte mich fühlen, als hätte ich silberne Löffel gestohlen, und so war es wohl auch gemeint". Was nützte ihm die feierliche „Rechtsverwahrung", die er schriftlich einlegte, was halfen ihm die Empörungsschreie der Zentrumspresse und die stürmischen Ovationen, die ihm die Münsteraner in einer spontanen Protestversammlung entgegenbrachten?

Die privaten Sympathiebezeugungen, die ihn aus ganz Deutschland erreichten, waren so zahlreich, daß Amelunxen fast siebenhundert Dankschreiben zur Post schaffen lassen mußte. Diese Woge der Zuneigung und des Respekts hat ihn gestärkt; allmählich gewann er seine Fassung zurück. In einem seiner Antwortbriefe hieß es: „Ich habe Ihre Kondolenz eher als eine Gratulation betrachtet. Bewahren Sie sich Ihren Idealismus. Ich tue das auch!"

IV. Exil und zähe Hoffnung

Rückzug ins Rheinland

Dies war das jähe Ende einer Karriere, die (bei anderem Verlauf der Geschichte) den Spitzenbeamten Rudolf Amelunxen mit einiger Sicherheit bald in die Berliner Zentrale der Staatsmacht zurückgeführt hätte: als Ministerialdirektor oder Staatssekretär in ein Landes- oder Reichsministerium.

Amelunxen, zunächst „zur Disposition" gestellt und bald darauf in den Ruhestand versetzt, verließ Münster mit Frau und Kind wenige Wochen nach seiner Abberufung. Bis 1945 hat er, außer bei Durchfahrten mit der Eisenbahn, seinen Regierungsbezirk nicht mehr betreten. Zunächst fand die Familie Unterschlupf auf zwei Zimmern des Cellitinnen-Klosters in Plittersdorf bei Bad Godesberg. Da Amelunxen während der Papen-Regierung noch auf eine politische Wende zum Besseren hoffte, bemühte er sich von dort aus sogar um eine eher untergeordnete, aber eben auch unauffällige Verwaltungsstellung. Er bewarb sich um den ausgeschriebenen Posten eines rheinischen Amtsbürgermeisters in Meckenheim bei Bonn, womit er natürlich keinen Erfolg hatte. Ein Jahr später, nach fester Etablierung des Naziregimes, stellte der Schwiegervater eine Wohnung in seinem eigenen Haus in Wuppertal-Elberfeld, Augustastraße 123, zur Verfügung.

Domizil in Wuppertal

Man kann – in Abwandlung eines Kanzlerworts – den Sturz Amelunxens schon im Jahre 1932 als „Gnade der frühen Entlassung" bezeichnen, die ihm vielleicht das Leben gerettet hat. Er war bei den Nazis, als sie 1933 zur Macht kamen, schon halb vergessen und schien nicht mehr so gefährlich zu sein, daß er zur KZ-Haft oder zur Liquidation anstand. Er erhielt Rede- und Schreibverbot, aber immerhin eine gesetzmäßige Pension, die angesichts seines niedrigen Dienstalters zwar relativ gering war, aber mit knapp 700 Reichsmark doch nach damaliger Kaufkraft ein ordentliches Auskommen ermöglichte.

Der Schwiegervater – ein aus dem Eichsfeld stammender Ehrenmann und Charakterkopf, der sich vom einfachen Maurer zu einem der bedeutendsten Bauunternehmer Wuppertals emporgearbeitet hatte – kassierte für die geräumige Fünf-Zimmer-Wohnung nur eine eher symbolische Miete; bis weit in die Zeit des Zweiten Weltkriegs hinein konnte man sogar eine Hausangestellte beschäftigen.

Unter das famose „Berufsbeamtengesetz" war Amelunxen ja, als Volljurist und Karrierebeamter, selbst beim schlechtesten Willen kaum zu subsumieren – obwohl wiederum Goebbels auch dies versucht hat; es war der preußische Nazi-Ministerpräsident Hermann Göring, der Amelunxens Pension sicherstellte mit dem Bemerken, dieser Mann sei ein ehrlicher und mutiger Gegner gewesen – was ihm als Anflug von Fairness zugute gehalten werden muß.

Arbeiten in der Stille

Für Rudolf Amelunxen, der 13 Jahre im exponierten Staatsdienst verbracht hatte, begann 1932 eine neue, wiederum 13 Jahre umfassende Epoche der erzwungenen Untätigkeit. Mit gerade 44 Jahren auf dem Höhepunkt seiner Lebens- und Arbeitskraft, bemühte er sich verzweifelt, die Enttäuschung, das Gefühl der Nutzlosigkeit, ja die Langeweile dieses inneren Exils zu bekämpfen. Sein völlig unprätentiöser Glaube an Gott und an eine Art von irdischer Gerechtigkeit, sein gänzlicher Mangel an persönlicher Eitelkeit und die ihm eigene grimmige Selbstironie haben ihm dabei geholfen.

In Wuppertal-Elberfeld, stets in Furcht vor Haussuchung und Beschlagnahme, schrieb er „für die Schublade". Er vervollständigte sein Tagebuch, verfertigte historische Notizen und bereitete den Geschichtsroman „Das Kölner Ereignis" vor, der erst 1952 erscheinen konnte und dann mehrere Auflagen erlebte; darin hat er, mit beziehungsreichen Anspielungen auf Zeitgenossen und Gegenwart, den sogenannten Mischehen-Streit zwischen dem preußischen Staat und dem Kölner Erzbischof im 19. Jahrhundert, facetten- und anekdotenreich geschildert.

Er arbeitete auch an einer Studie über den großen Reform-Kardinal Nikolaus Cusanus und – gewissermaßen als Kontrastprogramm – an einem Lebensbild des westfälischen Barons Theodor von Neuhof, der im 18. Jahrhundert als gewählter „König von Korsika" eine ebenso skurrile wie kurzzeitige Rolle gespielt hatte. Beide Manuskripte, die in der Nazizeit natürlich kein Verleger hätte publizieren dürfen, wurden fertiggestellt. Sie begleiteten Amelunxen jahrelang in den Luftschutzkeller, bis sie in den letzten Kriegstagen doch den Bomben zum Opfer fielen. Nur das Tagebuch, das die Jahre von 1926 bis 1932 in einer politisch verschlüsselt-neutralisierten Form umfaßte, und die Rohfassung des „Kölner Ereignis" blieben erhalten.

Unter dem Pseudonym „Flodur Nexnulema" veröffentlichte Amelunxen einige kulturgeschichtliche Beiträge in Zeitschriften, die sich vom Ungeist der Diktatur noch halbwegs freihalten konnten. Das war gefährlich, denn er hatte ja (ebenso wie etwa Theodor Heuss, der damals seine Aufsätze mit „r. s." zeichnete) amtliches Schreibverbot, und das Anagramm seines Namens war, wenn man es eben von hinten nach vorn las, durchsichtig genug. Eine lustige Erzählung mit dem Titel „Der Prälat

und die Gans" konnte er aber einmal sogar in einer „gleichgeschalteten"
Tageszeitung versteckt unterbringen – was ihm geradezu diebische Freude
bereitete.

Ansonsten verwendete er jegliche Energie, die er anderweitig nicht
mehr einsetzen durfte, auf die Erziehung und Ausbildung seines Sohnes.

Der häusliche Kreis

Sein Tageslauf in jenen Elberfelder Jahren kann allenfalls privates
Interesse beanspruchen.

Erst um 9 Uhr stand er auf (da er ja nichts zu versäumen hatte), sah die
spärliche Post durch und las sorgfältig die Zeitungen, insbesondere zwischen den Zeilen; solange es möglich war, unterhielt er Abonnements auf
mehrere französische Blätter, im Kriege sogar auf die allein noch erhältli-
chen Propaganda-Journale der Vichy-Regierung: „Je suis partout" und
„Le petit Parisien" – wo immerhin ein letzter Hauch freier Meinungsäu-
ßerung spürbar war.

Nach eher kargem Frühstück begab er sich zu Fuß in die Innenstadt,
machte kleine Besorgungen, besuchte Buchhandlungen und stöberte in
Antiquariaten. Dann traf er sich mit einem kleinen Kreis zuverlässiger
Anti-Nazis, drei ehrbaren Elberfelder Kaufleuten, im Restaurant des
Hotels „Kaiserhof"; diese damals konspirative Stammtisch-Runde hat das
Kriegsende noch längere Zeit überdauert. Nach dem häuslichen Mittages-
sen unterrichtete er seinen Sohn – auch sonntags und in den Schulferien
mindestens eine Stunde – und entließ diesen sodann zu den schriftlichen
Hausaufgaben des Gymnasiums.

Um 15 Uhr zog er sich in das zigarrenduftende, mit Büchern vollge-
stopfte „Herrenzimmer" der Wohnung an seinen Schreibtisch zurück, las
und exzerpierte und bedeckte viele Seiten Konzeptpapier mit seiner exakt-
schwungvollen Handschrift – wobei er eine altmodische Füllfeder
benutzte, die Kardinal Mercier ihm in Belgien geschenkt hatte. Gegen 18
Uhr folgten erneute Lehrgespräche mit dem Sohn, oft mit diesem auch ein
Schachspiel, ein Dämmerschoppen vom Moselwein und um 20 Uhr das
Abendessen im Familienkreis.

Der spätere Abend wurde entweder mit Lektüre verbracht oder im
Gespräch mit der Ehefrau und den (im Untergeschoß des Hauses woh-
nenden) Schwiegereltern. Ein Radiogerät in der primitiven Form des
sogenannten „Volksempfängers" wurde erst bei Kriegsausbruch ange-
schafft. Um 23 Uhr ging man schlafen. Im Krieg wurde die Nachtruhe oft
durch Fliegeralarm unterbrochen, obwohl Elberfeld jahrelang von Bomben verschont blieb.

Eine halbwegs befriedigende, zeitlich aber auch keineswegs ausfüllende Beschäftigung erhielt Amelunxen erst während des Krieges. Er wurde geschäftsführendes Mitglied einer bergrechtlichen Gewerkschaft, mit der er mütterlicherseits familiär verbunden war, in der Verwaltung einer kleinen Schiefergrube des sauerländischen Städtchens Fredeburg. Die Tätigkeit bot immerhin Anlaß zu gelegentlichen mehrtägigen Aufenthalten am Verwaltungssitz und zur häuslichen Bearbeitung entsprechender Aktenvorgänge.

Die Schulferien des Sohnes verbrachte Amelunxen mit der Familie gleichfalls entweder in Fredeburg oder auf ostfriesischen Inseln – er hatte, obwohl Nichtschwimmer, eine große Vorliebe für das Wasser, in dem er mit Begeisterung plantschte. Ansonsten reiste er wenig, zumal ihm ein Auslandspaß verweigert wurde. Er lebte zurückgezogen und pflegte Kontakte nur zu wenigen Vertrauten – so mit dem einstigen Berghauptmann Schlüter, dem zwangspensionierten Berliner Ministerialrat Adam, dem entlassenen Burgsteinfurter Landrat Vogels und dem ebenfalls amtsenthobenen westfälischen Oberpräsidenten Gronowski – der keine Pension bekam und als Weinvertreter durch das Land fahren mußte, um den Unterhalt seiner kinderreichen Familie zu sichern.

Pressionen und Schikanen

Akute politische Verfolgung fand nicht statt, und als „Widerstandskämpfer" hat Rudolf Amelunxen sich selbst nie bezeichnet. Er war der Meinung, eine derart verfestigte Diktatur wie diejenige der Nazis könnte nicht inwendig beseitigt, sondern nur von außen aufgebrochen werden. In diesem Sinn hat er den Krieg stets für unvermeidbar gehalten und dessen voraussehbares Ende herbeigewünscht. Er hoffte nicht nur, sondern war (als Kenner der Geschichte) innerlich ganz sicher, daß die Nazis den Zweiten Weltkrieg verlieren würden. Das minderte nicht seine geistige Einsamkeit inmitten eines Volkes, das in seiner großen Mehrheit anderer Meinung war. Insbesondere nach dem Frankreichfeldzug von 1940 und den Anfangserfolgen der Wehrmacht von 1941 in Rußland war Amelunxen wohl einer unter je hundert „Volksgenossen", der nicht an den Sieg der deutschen Waffen glaubte.

Im übrigen hielt er auch später immer dafür, daß viele Menschen (politisch ebenso schuldlos wie er) unter und von den Nazis weit mehr Leid und Unglück erfahren mußten als er selber.

Dennoch kam es zu Pressionen und Schikanen. Mehrfache, wenngleich nur informatorische Vorladungen zur Polizei und zur NS-Ortsgruppe ließen Amelunxen das gefährliche Risiko, mit dem jeder Regime-Gegner damals lebte, nie vergessen. Zu solchen Anlässen verschmähte er nicht jenes Imponiergehabe, das schon Goethe für nützlich hielt, um einen „Puff im Gedränge" abzuhalten: er schnallte alle drei Bändchen seiner Kriegsorden am Rock übereinander – das Eiserne Kreuz, die Rotkreuz- medaille und das reußische Ehrenkreuz – um wenigstens subalterne Politfunktionäre zu beeindrucken. In der Tat wurde das eher seltene Rotkreuzbändchen bisweilen mit dem NS-Blutorden verwechselt, und kleinere Nazibonzen haben dann stramm salutiert.

Der Sohn, der das Elberfelder humanistische Dörpfeld-Gymnasium besuchte, hatte Schwierigkeiten mit der Hitlerjugend, deren Dienst er sich hartnäckig entzog – wie ein paar andere Schulkameraden auch, deren Väter als evangelische Pastoren der „Bekennenden Kirche" anhingen und ihre Kinder politisch ebenso erzogen wie Rudolf Amelunxen.

Als im Kriege alle Haushaltungen zwangsweise Nazi-Fahnen anschaf- fen und zu jeder vorgeschriebenen Gelegenheit auch aushängen mußten (die meisten taten es ohnehin freiwillig), kaufte Amelunxen die spärlichste Größe, die im Handel erhältlich war. Bei befohlenen Anlässen befestigte er das Tüchlein am Fenster seines Herrenzimmers. Immer wieder kam es dabei zu bedrohlichen Fast-Zusammenstößen mit dem Nazi-Blockleiter – der charakterlich wertlose Mensch, im Hauptberuf Friseur, mochte Ame- lunxens Erklärung nicht glauben: es sei der Wind gewesen, der die Fahne so verdreht und verwickelt habe, daß man das Hakenkreuz nie erkennen konnte... Zu beweisen war nichts, aber der Blockleiter rächte sich mit peniblen Verdunkelungs-Kontrollen und beanstandete jede Jalousie, durch die etwa ein schmaler Lichtstrahl nach außen drang.

Wenn Razzien und Verhaftungsaktionen im Reich drohten, ver- schwand Amelunxen mehrfach tagelang aus Wuppertal, ohne auch nur der Familie (zu deren Schutz) seinen Aufenthalt mitzuteilen. Er fand dann Zuflucht bei relativ ungefährdeten, zuverlässigen Freunden aus der alten Sonnenschein-Bewegung und der Berliner Zeit, oft auch in Klöstern und bei katholischen Geistlichen. Es kam aber auch vor, daß Amelunxen umgekehrt solchen Freunden selbst kurzfristig Asyl gewährte; für diesen Zweck gab es auf dem Speicher ein verborgenes Zimmer mit unsichtbarer Tür, das einer strengeren Kontrolle wohl nicht standgehalten hätte.

Letzte Kriegszeit im Sauerland

1943 wurde das Haus in der Elberfelder Augustastraße durch englische Fliegerbomben vernichtet. Das geschah am sogenannten „Mein-Tag-dein- Tag", einem jener kalendermäßig ganz ungewöhnlichen Daten, an denen das Fronleichnamsfest mit dem Johannistag am 24. Juni zusammenfällt. Mit kaum mehr als dem, was sie auf dem Leibe trug, wurde die Familie

Amelunxen von Verwandten im sauerländischen Fredeburg aufgenommen.

Der Sohn mußte von dort zum Reichsarbeitsdienst und zur Wehrmacht
einrücken. Rudolf Amelunxen selbst wurde als Hilfsschlosser dienstver-
pflichtet und mußte in einem kleinen Handwerksbetrieb arbeiten – sein
„Chef und Meister", der Blechschmied Wilhelm Theune, hat ihn dort
überaus anständig behandelt, wofür er Amelunxens Dankbarkeit nach
dem Kriege erfahren konnte.

Der Tag der Befreiung

Das Kriegsende erlebte Amelunxen mit seiner Frau in einem stillgeleg-
ten Schieferbergwerk-Stollen, wohin er sich geflüchtet hatte, weil ihm
eine ernstzunehmende Warnung erteilt worden war, daß die Nazis vor
ihrem Abgang doch noch seine Liquidierung durch ein Rollkommando
geplant hätten. Die Warnung kam von Fredeburgs Nazi-Bürgermeister
selbst – wobei dahingestellt bleiben mag, ob dieser Dorf-Mussolini aus
Ehrenhaftigkeit oder aus vorsorglichem Opportunismus so handelte.
Amelunxen hat danach nicht gefragt, sondern nach dem Krieg die baldige
Entlassung des Mannes aus englischer Internierung bewirkt.

Zu Anfang April 1945 wurde Amelunxen von amerikanischen Front-
truppen aus seinem Versteck geholt. Nach zwei Wochen in fast völliger
Finsternis, halb verhungert und wegen Sauerstoffmangels der geistigen
Verwirrung nahe, sah er die Sonne wieder.

Es war für ihn, so schlicht wie eindeutig, der Tag der Befreiung, und
nichts anderes als dies.

„Darauf habe ich gewartet"

Es war typisch für Amelunxen, daß er sich bei den neuen alliierten
Machthabern nicht nach vorn drängte, um seine Dienste anzubieten, wie
mancher andere es damals getan hat. In einem Behelfsquartier beim
Schreinermeister Vollmer in dem nun ebenfalls halbzerstörten Städtchen
Fredeburg wartete er geduldig einige Wochen, bis ein Militär-Stabswagen
dort vorfuhr und zwei britische Lieutenant-Colonels ihn fragten, ob er
bereit wäre, am Aufbau eines neuen deutschen Staates mitzuarbeiten.

Er antwortete gelassen: „Gentlemen, auf diese Stunde habe ich seit
dreizehn Jahren gewartet".

Sein Leben hatte schon fast das letzte Viertel erreicht. Die ersten Fotos
aus jenen Tagen zeigen einen nun 57jährigen Mann, abgemagert, im
schlotternden Anzug, mit altmodischer geflickter Brille. Sein Kopf, den er
sonst sorgfältig kahlrasiert trug – eine Marotte, die er schon im Ersten
Weltkrieg angenommen hatte – ist mit dichten grauen Haarstoppeln

bedeckt. Seine Augen blicken ernst und skeptisch, aber nicht müde – sie scheinen, wie stets in seinem Leben, auf ein Ziel gerichtet zu sein.

Nachdem die britischen Offiziere ihn verlassen hatten – Amelunxens einziger konkreter Wunsch war, ob sie ihm vielleicht einen Hut beschaffen könnten – vergingen nochmals drei Wochen. Dann erschien erneut ein Militärwagen mit einem Kurier, der Amelunxen bat, ihm von Fredeburg nach Münster ins britische Hauptquartier der „Province of Westphalia" zu folgen. Die Entscheidung wurde ihm durch die Nachricht erleichtert, daß sein Sohn den Krieg ebenfalls überlebt hatte und sich in einem amerikanischen Kriegsgefangenenlager bei (ausgerechnet) der belgischen Stadt Namur befand.

V. Letzter Oberpräsident Westfalens

Verwaltung fand nicht mehr statt

Damit begann eine dritte, wiederum genau dreizehn Jahre dauernde Periode im Leben Rudolf Amelunxens.

Am 20. Juli 1945, exakt neunzehn Jahre nach seinem Amtsantritt als münsterischer Regierungspräsident, wurde Amelunxen von der britischen Militärregierung zum Oberpräsidenten der Provinz Westfalen ernannt. Von jener „Stunde Null" oder auch „ersten Stunde" nach dem Zusammenbruch der Tyrannis ist viel geredet und geschrieben worden. Wie sie wirklich aussah, weiß nur, wer sie erlebt hat.

Die westfälische Hauptstadt Münster, noch am Palmsonntag von 2000 Sprengbomben und 150 000 Brandbomben getroffen, war ein Schauplatz apokalyptischer Verwüstung. Ein normales Leben bestand in der ganzen Provinz nicht mehr. Nur noch ein Zehntel der Eisenbahngleise war benutzbar. Straßen, Kanäle und Brücken waren gesprengt, die Fabriken zerstört, die Kohleschächte abgesoffen. Die Einwohner saßen in Kellern und Bunkern, ihre Versorgung mit Gas, Wasser und Strom war vielfach zusammengebrochen, selbst die Bauern hatten kaum noch Brot und Fleisch.

Als Amelunxen auf einem Trampelpfad zu Fuß über den Prinzipalmarkt seinen zweiten Einzug in Münster hielt, begegnete ihm außer einer schwarzen Katze kein einziges lebendes Wesen. Als er seine Ernennungsurkunde vom Militärgouverneur in Empfang nahm, fand Verwaltung so gut wie nicht mehr statt. Die Nazi-Bonzen – darunter der letzte Oberpräsident, jener einstige Gauleiter Meyer – hatten Selbstmord begangen oder waren eingesperrt worden. Die meisten Beamten waren geflohen oder ebenfalls von den Briten interniert. Die Schulen waren geschlossen, eine Polizei gab es nicht mehr, und es herrschte Stillstand der Rechtspflege.

Amelunxen notierte später nüchtern in seinen Memoiren: „Die Behörde, die ich übernahm, war ein trauriger Torso. In personeller und organisatorischer Hinsicht war sie in keiner Weise ihren Aufgaben gewachsen, zumal diese sich wesentlich erweitert hatten, weil über mir keine deutsche Behörde mehr vorhanden war. Der westfälische Raum war auf sich selbst gestellt. Von der Militärregierung abgesehen, die mir, wie ich die Lage beurteilte, eine Verantwortung nicht abnehmen konnte, fühlte ich mich unmittelbar meinem Schöpfer unterstellt".

Ungewöhnliche Aufgaben

In der Tat: das „Oberpräsidium", das nach preußischem Staatsverständnis und auch in der Nazizeit nur eine kleine Aufsichtsbehörde ohne eigenen Unterbau, lediglich das „Auge des Ministeriums in der Provinz" gewesen war, sollte nun praktisch die Funktion einer Staatsregierung übernehmen – freilich keineswegs in Souveränität, sondern noch in totaler Abhängigkeit von den britischen Militärbehörden, die Amelunxen durch Dekret klarmachten, daß er mit seiner Beamtenschaft nur ihr ausführendes Organ sei, und fast drohend hinzufügten, daß „Ungehorsam nicht geduldet" würde.

In seinem ersten, nur von einem kümmerlichen vierseitigen Blättchen publizierten Aufruf an die westfälische Bevölkerung fand Amelunxen andere Gesichtspunkte wichtiger. Er wies auf die alte Tradition Westfalens hin, auch auf den ersten preußischen Oberpräsidenten nach 1815, Freiherr von Vincke, und den letzten republikanischen Oberpräsidenten Gronowski. Dann hieß es: „Die Namen beider Männer verpflichten. Daß ich niemals mit dem verfluchten Nationalsozialismus etwas zu tun hatte, ist bekannt. Ich bin immer Christ geblieben. Christ sein heißt, jeden Menschen nicht nur zu achten, sondern auch zu lieben. Hat man erkannt, daß man einen Menschen nicht mehr achten kann, muß man ihn immer noch gerecht behandeln. Niemals darf man Rache üben".

In diesem Geist lehnte Amelunxen es ab, die beschlagnahmte Villa des Nazi-Kreisleiters Mierig als Dienstwohnung zu beziehen. Er quartierte sich mit Frau und Sohn (der zu Jahresende 1945 aus der Kriegsgefangenschaft zurückkehrte) wieder bei Ordensschwestern ein, im Kloster der Herz-Jesu-Missionarinnen in Hiltrup, einem Vorort von Münster.

Aufbau einer Provinz

Dann ging er an den Aufbau seiner Regierung und seiner Provinz – anfangs nur unterstützt von seiner altgedienten Sekretärin Elisabeth Lange, seinem ersten persönlichen Referenten, dem jungen Assessor

Gerhard Schilling, und dem langjährig getreuen Fahrer Robert Freericks, der einen übriggebliebenen Dienstwagen der Gauleitung kutschierte. Er „residierte" als Hintersasse der Militärregierung im rückwärtigen Teil des sogenannten Generalkommandos, eines häßlichen Militärbaus am Hindenburgplatz in Münster. Er „regierte" in einem kahlen Zimmer ohne heile Fensterscheiben, Teppich und Telefon. Wenn er „Fräulein Lange" aus dem Vorzimmer rufen wollte, klingelte er mit einer primitiven Tischglocke aus Holz und Zink – derselben, mit der er später den ersten Landtag von Nordrhein-Westfalen eröffnet hat.

Von zwei Gesichtspunkten ließ Amelunxen sich leiten. Er wollte und mußte seiner Provinz eine eigenständige Verwaltung sichern, zugleich aber alles vermeiden, was die künftige Eingliederung Westfalens in einen neuen deutschen Zentral- oder Bundesstaat hindern konnte. Im Sinne dieses doppelten Ziels widersetzte er sich erfolgreich dem Drängen der Militärregierung, eigene Provinzressorts für Justiz, Post und Eisenbahn zu bilden. Für Kleinstaaterei und Separatismus war Amelunxen niemals zu gewinnen, und die Idee der „deutschen Einheit" hat er in seinen Reden zu jener Zeit immer wieder beschworen. Aus gleichem Grund hielt er am Provinzstatus Westfalens fest; er lehnte es konsequent ab, selbst den Titel „Ministerpräsident" anzunehmen und ein „Kabinett" zu bilden.

Seine Regierung gliederte er in neun Ressorts, die er kraft eigener origineller Erfindung als „Generalreferate" bezeichnete. Er strapazierte seine Erinnerungen aus der Weimarer Zeit, um hierfür geeignete Chefbeamte zu finden, die nun – in alle Winde und gar in andere Besatzungszonen verstreut – erst gesucht und dann körperlich herangeschafft werden mußten. Ohne die (in diesem Punkt bereitwillig-unbürokratische) Hilfe der Militärregierung hätte Amelunxen solches „head-hunting" nicht betreiben können. Auch bei der endgültigen personellen Auswahl ließen die Briten ihm fast völlig freie Hand.

So gelang es ihm, ausgezeichnete Männer, sämtlich gestandene Fachleute, als Generalreferenten zu gewinnen, die fast ausnahmslos auch künftig in Land und Bund eine politische Rolle spielen sollten: etwa Walter Menzel für Inneres, Erik Nölting für Wirtschaft, Hermann Höpker-Aschoff (später erster Präsident des Bundesverfassungsgerichts) für Finanzen, Hermann Heukamp für Ernährung, Fritz Stricker für Verkehr und Johannes Brockmann für Kultus.

Eine diplomatisch geschickte Hand bewies Amelunxen bei der Bestellung seines eigenen Stellvertreters. Da der westfälische Adel – immer noch und gerade nach dem Krieg durch seine internationalen Verwandtschaftsbeziehungen einflußreich – sich während der Nazizeit durchweg anständig betragen und auch seinen prominenten Standesgenossen, den Bekennerbischof Graf Galen, unterstützt hatte, so hielt Amelunxen die Zeit zur

Versöhnung für gekommen. Er berief einen angesehenen Blaublütigen, Clemens Freiherr von Oer, zu seinem ständigen Vertreter und ernannte ihn (ein einmaliger Vorgang) zum Regierungspräsidenten ohne Territorialbezirk, übergeordnet den Chefs der drei westfälischen Regierungsbezirke Münster, Arnsberg und Minden. Innerhalb der Provinzialregierung wurde dem Freiherrn, außer Büroaufsicht und Protokoll, kein eigenes Ressort zugewiesen, so daß sein faktischer Einfluß eher gering blieb. Aber der Adel konnte nun darauf verweisen, daß einer der Seinigen „zweiter Mann" in Westfalen war. Er hat das honoriert und das alte Kriegsbeil mit Amelunxen begraben.

Im übrigen hat der Oberpräsident seine sämtlichen leitenden Beamten zwar im Hinblick auf demokratische Integrität, aber ohne Rücksicht auf Parteizugehörigkeit ausgewählt, was ihm umso leichter fiel, als das neue politische Parteiwesen erst langsam zum Leben erwachte.

Knapp zwei Monate nach seinem Amtsantritt war die westfälische Provinzialregierung komplett und aktionsfähig. Sie leistete auf allen Gebieten, die ihrer Verantwortung unterstanden, eine fast übermenschliche Arbeit. Die meisten ihrer Mitglieder hatten ja, wie Amelunxen, das Arbeiten in ihrer Berliner Zeit gelernt, und so verwirklichten sie ihre wesentlichen Ziele: Neuorganisation der Verwaltung in Stadt und Land, Wiederherstellung der öffentlichen Ordnung und Sicherheit, Verhütung von Seuchen, Ausbesserung der Wohnungen und Verkehrswege, Versorgung mit Lebensmitteln und Hausbrand, Unterbringung zahlloser Flüchtlinge – und Wiedereröffnung der Schulen; die Universität Münster, zu 80 % zerstört, konnte schon im Wintersemester 1945 den Lehrbetrieb aufnehmen.

Zwiespältige Entnazifizierung

Amelunxen proklamierte: „Die Ausmerzung des Nationalsozialismus mit Stumpf und Stiel ist vordringlichster Regierungszweck!" Zugleich beherzigte er den alten kirchlichen Grundsatz, daß man den Irrtum hart, die Irrenden aber milde behandeln müsse. Er drang darauf, daß die Entnazifizierung möglichst rasch durchgeführt und beendet werde, damit die Betroffenen Gewißheit über ihre künftige berufliche Verwendung erhielten.

Vielfach setzte er sich für bloße Nazi-Mitläufer und sogenannte „Minderbelastete" auch im öffentlichen Dienst ein – wenn sie, wie er sich ausdrückte, „ihre Eselei eingesehen hatten". Wenig später ist er dann als Ministerpräsident der erste deutsche Regierungschef gewesen, der öffentlich forderte, „die gesamte Entnazifizierung sofort einzustellen", weil ihre schematische Weiterführung mehr Schaden als Nutzen stifte. Daß er

gleichwohl von verstockten Ewiggestrigen wegen seiner „Kollaboration"
mit der Besatzungsmacht als „Verräter" beschimpft wurde, nahm er
gelassen hin.

Verhältnis zur Besatzungsmacht

Amelunxens britische Vorgesetzte, die Chefs der Militärregierung und
späteren Zivilkommission für Westfalen, wechselten rasch. Seine Beziehungen zu ihnen, die im Prinzip auf „Befehl und Gehorsam" beruhen
mußten, haben sich fortlaufend verbessert in dem Maß, in dem jene seine
fachlichen, politischen und menschlichen Qualifikationen erkannten und
anerkannten. So wurde Kontrolle bald durch Vertrauen ersetzt.

Ein technisches Handikap war es, daß Amelunxen, Humanist, zwar
Latein und Französisch, auch ein wenig Italienisch, aber kein Wort
Englisch sprach und verstand – ebensowenig, wie seine Gegenspieler
Deutsch reden oder lesen konnten. Ohne Hilfe von Dolmetschern und
Übersetzern kam man beiderseits nicht aus. Zuweilen gab es gefährliche
Mißverständnisse – etwa, wenn Amelunxen das englische Wort „control"
als Kontrolle im Sinn einer bloßen Nachprüfung auslegte und nicht, wie
es richtig ist, als völlige „Beherrschung".

Aber während das Verhältnis zum ersten Gouverneur, Colonel Leding-
ham, noch kühl und reserviert war, gedieh es beim zweiten, Briga-
dier Chadwick, schon zur sachlichen Aufgeschlossenheit, und beim
nachfolgenden „Civil Commissioner", Sir Henry Berry, nahm es fast
freundschaftliche Dimensionen an – kannten Amelunxen und Berry
sich doch bereits aus den Verhandlungen der alliierten Rheinlandkommis-
sion nach dem Ersten Weltkrieg. Das erleichterte vieles. Privater Um-
gang mit prominenten Engländern blieb gleichwohl auf seltene Aus-
nahmen beschränkt, was Amelunxens Naturell gewiß nicht widersprach.
Er hat später geäußert, daß er – wegen der stammesartlichen Verwandtschaft zwischen Briten und Westfalen – wohl mit keiner Besatzungsmacht so relativ gut zurechtgekommen wäre wie eben mit der
britischen.

Die englischen Militärposten grüßten den Oberpräsidenten von Westfalen nicht, wenn er am gemeinsamen englisch-deutschen Dienstsitz
vorfuhr; Amelunxen hatte als einziger Deutscher die stillschweigende
Erlaubnis durchgesetzt, das Gebäude durch den Vordereingang zu betreten. Der Stander seines Wagens mit den rot-weißen westfälischen Farben
und dem springenden Pferd wurde nur aus Versehen gegrüßt, wenn man
ihn mit der weiß-roten Flagge der polnischen Militärmission verwech-
selte... Derartige Äußerlichkeiten, von Fahrer Freericks spitzbübisch
registriert, kümmerten Amelunxen nicht im geringsten. Was ihm wichtig

war, ertrotzte er ohnehin: nur wenige Deutsche konnten wie er von sich behaupten, niemals einen politischen Fragebogen der Besatzungsmacht ausgefüllt zu haben; das hielt er für eine grobe Beleidigung, und selbst alliierte Marschälle haben nicht gewagt, sie ihm anzutun.

Der westfälische Provinzialrat

Das politische Leben entwickelte sich zögernd, zunächst in den Gemeinden und Kreisen, dann auch auf höherer Ebene. Am 30. April 1946 wurde in Münster der westfälische „Beratende Provinzialrat" eröffnet. Amelunxen hatte bei der Besatzungsmacht auf eine solche Institution gedrängt, um seine Verwaltungstätigkeit, so gut oder schlecht es damals eben ging, auch parlamentarisch an Konsens und Kritik des Volkes zu binden.

Die wieder zugelassenen und neu gegründeten Parteien benannten nach einem vorgegebenen Schlüssel (der ihrer lediglich vermuteten Anhängerschaft in der Öffentlichkeit entsprechen sollte) ihre Vertreter zu diesem Gremium, das die Provinzialregierung beraten sollte, aber zunächst nichts zu beschließen oder zu entscheiden hatte. Dem Provinzialrat gehörten 15 Abgeordnete der SPD, 30 der CDU, 20 der KPD, 10 des Zentrums und fünf der FDP an.

Territoriale Neugliederung

An den hektischen Spekulationen, die zu Anfang 1946 über die politisch-territoriale Neugliederung des westdeutschen Raumes aufkamen, hat Amelunxen sich nicht beteiligt. Unter Heimatkundlern und Juristen, Politikern wie Beamten war es damals Mode geworden, eigene Vorstellungen über eine solche Neuordnung geradezu am Fließband zu produzieren. Es waren durchaus seriöse Persönlichkeiten (wie der westfälische Landeshauptmann Salzmann oder der münsterische Oberbürgermeister Zuhorn), aber auch unqualifizierte Ehrgeizlinge, die mit einer Flut von Memoranden die Besatzungsbehörden überschütteten, um auf sich aufmerksam zu machen.

Da gab es skurrile Vorschläge zur Bildung eines „Groß-Westfalens", das um hannoverische, oldenburgische und niederrheinische Gebiete erweitert, gar einen Zugang zur Nordsee erhalten sollte. Es entwickelten sich gegensätzliche Ideen, nach denen etwa Tecklenburg, Paderborn und Minden von Westfalen abgetrennt und mit Hannover zu einem „Groß-Niedersachsen" vereinigt werden sollten.

All dem gegenüber beschränkte sich Amelunxen auf die kühle Feststellung, er plane weder Annexionen noch Abtretungen; eigene Souveränität Westfalens in einem bloßen deutschen „Staatenbund" sei keineswegs anzustreben; die Provinz Westfalen mit ihren 20 000 Quadratkilometern und sechs Millionen Einwohnern sei aber als vernünftig gegliederte Verwaltungseinheit weder zu groß noch zu klein, um als „Baustein zum neuen Reich" zu dienen; wie dieser neue deutsche Staat einmal aussehen könnte, das werde – bei fortgesetzter demokratischer Entwicklung und absehbarer Lockerung des Besatzungsstatuts – die Zukunft bald ergeben; bis dahin, im „status quo", seien die Forderungen des Tages zu erfüllen.

Amelunxen hat mit seinem behutsamen Zuwarten im Ergebnis recht behalten. Die Schreiber jener gewagten Thesen haben, rückschauend betrachtet, Makulatur produziert. Keiner ihrer Vorschläge ist Wirklichkeit geworden. Die britischen Behörden, in diesen Fragen selbst ohne jede Entscheidungskompetenz, legten die Memoranden und Studien mäßig interessiert zu den Akten oder reichten sie verlegen nach London weiter, wo niemand sie las.

Die Entscheidung über die territoriale Neugliederung kam – für Deutsche wie für Briten in den betroffenen Provinzen völlig überraschend – im Juli 1946 wie ein Paukenschlag. Sie war allerdings für Großbritannien wie auch für die USA dringlich geworden, weil Frankreich und die Sowjetunion Pläne hegten, die den beiden anderen Alliierten keineswegs angenehm sein konnten. Die französische Regierung schlug mit dem „Bidault-Plan" allen Ernstes die territoriale Abtrennung des linken Rheinufers, des Ruhrgebiets und der Saar vom übrigen Deutschland vor. Insbesondere an der Ruhr sollte eine Art Kondominium aller vier Besatzungsmächte oder ein separierter Autonom-Staat unter alliierter Militärkontrolle entstehen – ein Gedanke, an dem zeitweise auch die Sowjetunion mit dem Ziel eigener Einflußnahme in Westdeutschland interessiert schien.

Um Frankreich wie auch Rußland von Rhein und Ruhr fernzuhalten, beschlossen England und die USA eine enge Zusammenarbeit ihrer Besatzungsgebiete in der sogenannten „Bizone", und das englische Kabinett verfügte mit stillschweigender amerikanischer Billigung die neue Aufteilung der britischen Zone in „Länder".

Am 18. Juli 1946 gab der britische Oberbefehlshaber in Deutschland, Luftmarschall Sir Sholto Douglas, in Berlin der Öffentlichkeit bekannt, daß die Nordrheinprovinz und die Provinz Westfalen in der „operation marriage" zum neuen Land „Nordrhein-Westfalen" zusammengeschlossen würden.

VI. Im höchsten Staatsamt

Umstrittene Ernennung

Am 24. Juli 1946 erschien der neue britische „Regional Commissioner"
(Landesbeauftragter mit Zivilstatus) William Asbury bei Rudolf Amelunxen in Münster und fragte ihn, ob er bereit wäre, Ministerpräsident von
Nordrhein-Westfalen zu werden und in Düsseldorf ein politisches Kabinett zu bilden.

Amelunxen hat sich damals einen Tag Bedenkzeit erbeten und erst
zugesagt, als sowohl Asbury als auch Sir Henry Berry ihm versicherten, es
hätten sich alle befragten Persönlichkeiten des öffentlichen Lebens, der
Parteien, der Kirchen und der Wirtschaft in „außergewöhnlicher Einmütigkeit" (exceptional unanimity) für seine Berufung zum Regierungschef
ausgesprochen. Wenngleich diese Einmütigkeit heute von einigen Zeitgeschichtlern bezweifelt wird, so hatte Amelunxen aufgrund seiner eigenen
Kontakte zu den damals prominenten Politikern jedenfalls keinen Anlaß,
der Zusicherung zu mißtrauen. Sowohl Konrad Adenauer (für die rheinische CDU) als auch Carl Severing (für die westfälische SPD) haben ihn in
erster Reihe als Kandidaten benannt, das Zentrum stand geschlossen
hinter ihm, er wurde von Arbeiterführern wie auch von evangelischen und
katholischen Geistlichen unterstützt – und für die Kommunisten blieb er,
im Hinblick auf andere mögliche Prätendenten, allemal das „kleinere
Übel".

Die oft ventilierte Frage, weshalb anstelle Amelunxens nicht der Oberpräsident der Nordrheinprovinz, Robert Lehr (später Bundesinnenmini-
ster) oder der Kölner Oberbürgermeister Hermann Pünder (später Ober-
direktor der bizonalen Verwaltung) zum Ministerpräsidenten ernannt
wurde, ist leicht zu beantworten. Beide – in ihrer fachlichen Qualität
durchaus unbestritten – Männer waren im Sinn der damaligen britischen
Labour-Regierung politisch „zu weit rechts" angesiedelt – Lehr, genannt
„Kanonen-Lehr", als ehemaliger Deutschnationaler, Pünder als Nachfolger Amelunxens im Amt des Regierungspräsidenten von Münster unter
der Papen-Regierung, der Steigbügelhalterin Hitlers. Konrad Adenauer
hatte sich eher diskret, Kurt Schumacher (der ohnehin Gegner der neuen
Landesgründung war) für die SPD höchst dezidiert gegen beide Männer
ausgesprochen. Hinzu kam, daß die Westfalen mit der „Beförderung"
ihres Oberpräsidenten für den Verlust des Regierungssitzes entschädigt
werden sollten; denn die Hauptstadt des neuen Landes wurde nicht das
westfälische Münster, sondern das rheinische Düsseldorf.

Hermann Pünder, ein tolerant-liebenswürdiger Mensch von rheini-
scher Frohnatur, nahm es den Briten nicht sonderlich übel, daß man ihn

übergangen hatte. Robert Lehr mußte es freilich als persönliche Bitterkeit empfinden, daß gerade er – der sich, anders als Amelunxen, schon frühzeitig für die Verschmelzung beider Provinzen eingesetzt hatte – nicht zum Regierungschef des neuen Landes berufen wurde. Die Briten boten zwar ausdrücklich an, ihn mit einem Ministeramt seiner eigenen Wahl zu entschädigen, das auch Amelunxen ihm gern offeriert hätte. Aber nach dem respektablen Prinzip „Aut Caesar aut nihil" hat er den Eintritt in die Landesregierung abgelehnt.

Und wenn, wie einige zeitgenössische Horchposten bis heute behaupten, den Briten „ein völlig neuer Mann lieber gewesen" wäre, so ist auf die simple Tatsache zu verweisen, daß solche Männer damals wie heute nicht vom Himmel fielen.

Am Abend des 26. Juli 1946 wurde Amelunxens Ernennung offiziell bekanntgegeben. Im britischen Kommuniqué hieß es: „Während seiner langen Laufbahn im öffentlichen Dienst hat Dr. Amelunxen große Erfahrung als Verwaltungsbeamter gewonnen. Die Probleme, die sich aus der Verschmelzung beider Provinzen ergeben, werden beträchtlich sein. Zu ihrer Lösung gibt es kaum eine geeignetere Persönlichkeit als Dr. Amelunxen. Seine Laufbahn ist untadelig, was für seine antinationalsozialistische Einstellung wie auch seine allgemeine politische Haltung seit jeher zutrifft. Als Oberpräsident von Westfalen hat er stets seine besonderen Fähigkeiten bewiesen, und er hat sich bei der Führung dieses Amtes seit 1945 besonders ausgezeichnet.".

Am 30. Juli 1946 (nicht, wie später behauptet wurde, erst am 30. August) hielt Amelunxen von Köln aus über den Rundfunk seine erste kurze Ansprache als Ministerpräsident „an die Bevölkerung des Rheinlandes und des Westfalenlandes". Er grüßte sie mit dem alten Bergmannsruf: „Glück auf!" und widmete seiner „schwergeprüften Geburtsstadt Köln" den besonderen Gruß: „Alaaf Köln!"

Vierzig Jahre später haben einige Düsseldorfer Journalisten geglaubt, dem damaligen Ministerpräsidenten diese spontane Sympathiebezeugung posthum verübeln zu müssen. In ihren Festartikeln zum großen Landesjubiläum von Nordrhein-Westfalen (1986) schrieben sie tadelnd, Amelunxen habe es „vergessen" oder sogar „bewußt unterlassen", der Stadt Düsseldorf mitzuteilen, daß sie Landeshauptstadt geworden war. Ihm sei wohl, so wurde spekuliert, Köln als Hauptstadt lieber gewesen.

Diese Auslassungen konnten den Zeitzeugen nur verwundern. Daß die Stadt Köln wegen ihrer weitgehenden Zerstörung durch Bomben und ihrer peripheren Lage am Rand des neuen Landes als Hauptstadt überhaupt nicht in Erwägung gezogen werden konnte, war Amelunxen ebenso klar wie den Briten und den Kölnern selbst. Ebenso aber war damals allen Politikern und auch der informierten Öffentlichkeit bekannt, daß der

britische Oberbefehlshaber in Deutschland, Luftmarschall Sir Sholto
Douglas, eben Düsseldorf zur Hauptstadt des neuen Landes bestimmt
hatte. Das war in der Zeitung „Die Welt" bereits am 19. Juli 1946
publiziert worden, und auch die regionalen Zeitungen hatten es veröffent-
licht. In Düsseldorf, nicht in Köln, Münster oder anderswo, saß zudem
die britische Regionalkommission, und so war es selbstverständlich, daß
auch die deutsche Landesregierung dort ihren Sitz nehmen mußte.

Am wenigsten war dies den Düsseldorfer Bürgern selbst verborgen
geblieben. Schon am 5. August 1946 erklärte der damalige Oberbürgermeister Karl Arnold – beiläufig und keineswegs erfreut – in seiner
Stadtverordnetenversammlung: „Düsseldorf ist Hauptstadt des neuen
Landes geworden. Diese Tatsache erfordert die zusätzliche Bereitstellung
von Wohn- und Verwaltungsräumen".

Welchen Sinn hätte Amelunxen darin sehen sollen, der Stadt Düsseldorf eine ihr durchaus bewußte Tatsache (als schwere Bürde, die sie erst
viel später als „Würde" empfand) nochmals mitzuteilen? Einer der
erwähnten Journalisten hatte immerhin die Fairness zu schreiben:
„Damals hatte Amelunxen wohl andere Sorgen". So war es in der Tat;
jedenfalls hatte er keinen Anlaß zu überflüssigen Deklarationen.

Seine Ernennungsurkunde erhielt Amelunxen in Gestalt eines vom
1. August 1946 datierten vierseitigen Memorandums. Darin machte
Mr. Asbury klar, daß alle Regierungsgewalt des neuen Landes bei ihm als
dem Vertreter des Oberkommandierenden der britischen Besatzungszone
läge und die zu bildende deutsche Regierung nur die Befugnisse ausüben
könnte, die ihr von ihm, Asbury, übertragen würden. Amelunxen wurde
darauf hingewiesen, daß er unter Asburys Leitung zu arbeiten hätte und
seine Amtsdauer, die ohnehin bis zu den ersten Landtagswahlen befristet
wurde, von der „loyalen und wirksamen Durchführung" der vom britischen Hauptquartier erteilten Direktiven abhänge.

Das war wieder einmal heiß gekocht, aber es wurde nicht so heiß
gegessen. Es sah ganz so aus, als hätte Amelunxens Verantwortung sich
vergrößert und seine Macht sich eher verringert. Aber durch zähe Beharr-
lichkeit, mehrfach auch mit gezielter Drohung des Rücktritts, gelang es
ihm in der Folgezeit, seine politischen und administrativen Spielräume zu
erweitern gegenüber den Möglichkeiten, die er als westfälischer Oberpräsident gehabt hatte.

Verhältnis zu Asbury

Das in diesem Sinn so entscheidende persönliche Verhältnis zwischen
den beiden Männern, die das Schiff nun zu segeln hatten, ist bis heute
nicht geschildert worden. William Asbury war, wie man im Rheinland

sagt, ein „Rauhbautz", von aufbrausendem Temperament, groben Manieren, wacher Intelligenz und mäßiger Bildung. Höflichkeit war nicht seine Stärke, und die Damen fürchteten seine Taktlosigkeiten. Er kam aus den Docks von Liverpool, wo er aus eigener Kraft vom Hafenarbeiter zum einflußreichen Funktionär der Transportgewerkschaft aufgestiegen war.

Das anfängliche Mißtrauen, das er Rudolf Amelunxen als Deutschem wie auch als Akademiker entgegenbrachte, schwand rasch. Beide waren bullige Churchill-Typen, beiden gemeinsam war die Arbeitsenergie, die persönliche Bedürfnislosigkeit, der Sinn für schlichten Humor und die Fähigkeit, sich selbst „auf den Arm zu nehmen". Asbury erkannte, daß „sein Ministerpräsident", wie er Amelunxen in naivem Stolz bezeichnete, kein Liebediener, Leisetreter oder eingebildeter Pinsel war, sondern ein Kerl mit Willenskraft und Courage, mit Ecken und Kanten wie er selber. Beide Männer fanden einander nach kurzer Zeit sympathisch. Sie haben sich mehrfach (auch vor Zeugen) lautstark angebrüllt, was für Amelunxen das kalkulierte Risiko sofortiger Entlassung bedeutete. Aber sie entwikkelten Beziehungen, die bis zum Ende ihrer Zusammenarbeit, ja darüber hinaus, von wechselseitigem Respekt getragen waren. Sie waren zwei Stiere, die im Joch zusammengespannt wurden, um den Pflug zu ziehen. Sie wußten, daß sie es nur gemeinsam schaffen konnten – und das haben sie auch getan.

Schwierige Kabinettsbildung

Amelunxens erste Aufgabe, und wohl eine der schwierigsten seines Lebens, war nun die Kabinettsbildung. Sie glich einer diplomatischen Quadratur des Kreises. Berücksichtigt werden mußte erstens der Parteien-Proporz, zweitens die landsmannschaftliche Parität zwischen Rheinländern und Westfalen, drittens die politische „weiße Weste", viertens die fachliche Qualifikation – letztens aber, und alles entscheidend, das britische Placet, das für jeden einzelnen Ministerkandidaten eingeholt werden mußte.

Amelunxen stimmte mit der Besatzungsmacht darin überein, daß in jener außergewöhnlichen Notzeit eine Allparteienregierung wünschenswert war. Mit seinem ersten Kabinett ist es ihm noch nicht gelungen, dieses Ziel zu verwirklichen. Seiner Regierung, die sich schon einen knappen Monat nach seinem Amtsantritt konstituierte, gehörten drei SPD-, zwei Zentrums-, zwei KPD-Männer und ein FDP-Mitglied an, dazu drei Parteilose, darunter Amelunxen selber. Die CDU hat sich, unter maßgeblichem Einfluß Konrad Adenauers, an diesem Kabinett nicht beteiligt. Ihr waren der Posten des stellvertretenden Ministerpräsidenten und zwei weitere Portefeuilles angeboten worden – nicht jedoch das von ihr unverzichtbar beanspruchte Innenressort, das die anderen vier Parteien ihr übereinstimmend verweigerten. Daran scheiterte der Eintritt der CDU in die erste Landesregierung von Nordrhein-Westfalen.

Rückschauend betrachtet, mag es verwundern, daß alle Parteien dem Innenministerium eine so große Bedeutung beimaßen. Ein hoher britischer Beamter hatte nüchtern kommentiert: „Praktisch würde der Innenminister keine Funktionen haben". Wegen der überlegenen Befugnisse der Besatzungsmacht war dies in der damaligen Rechtssituation ziemlich zutreffend – Kommunalaufsicht fand noch kaum statt, und der Innenminister war nicht einmal „Herr der Polizei". Aber natürlich rechneten die Parteien damit, daß das Innenministerium sich wieder zu seiner klassisch-traditionellen Schlüsselrolle in einer normalen Staatsregierung entwickeln würde, was nach relativ kurzer Übergangszeit ja auch geschah.

Amelunxen hatte noch versucht, einen persönlichen Kompromißvorschlag einzubringen. Das Innenministerium sollte aufgespalten werden in einen (dem Justizressort zuzuordnenden) Verfassungsbereich und einen Verwaltungsbereich (den Karl Arnold dann als Innenminister und stellvertretender Ministerpräsident hätte übernehmen können). Die CDU hätte das wahrscheinlich akzeptiert, aber gegen den Widerstand von SPD und Zentrum konnte Amelunxen auch diese originelle Lösung nicht durchsetzen.

Er erreichte es jedoch, daß nicht weniger als fünf seiner bewährten westfälischen Generalreferenten ihm als Minister nach Düsseldorf folgten, darunter Walter Menzel für Inneres und Erik Nölting für Wirtschaft. Durch die Besetzung der übrigen fünf Kabinettsposten mit Rheinländern wurde auch der regionalen Ausgewogenheit Rechnung getragen. Den von ihm gewünschten Justizminister holte Amelunxen persönlich aus einem britischen Internierungslager in Bad Oeynhausen heraus. Es war der parteilose Düsseldorfer Landgerichtsdirektor Eduard Kremer, der in der Rechtsprechung der Nazijahre Mut bewiesen hatte; er ist später in ein hohes Richteramt zurückgekehrt. Der zuständige britische Rechtsberater, Colonel Rathbone, wollte stattdessen „einen guten Rechtsanwalt" (Namen hatte er nicht parat) als Justizminister empfehlen. Er gab jedoch seinen Widerstand gegen Kremer auf, als Amelunxen hartnäckig auf seiner Vorstellung beharrte.

Vier Nahziele, so primitiv wie im Wortsinn not-wendig, hatte diese erste Landesregierung anzustreben: Versorgung des Volkes mit den wichtigsten Konsumgütern, Erhöhung der Kohleförderung – der Bergmann war nach Amelunxens Worten der wichtigste Mann im Lande –, Beschaffung von Düngemitteln und Ankurbelung des Außenhandels, zunächst mit bescheidensten Kontingenten. Zu all dem gehörten beharrliche Verhandlungen mit der Besatzungsmacht um die Zuteilung von Lebensmitteln, die Einschränkung der industriellen Demontagen und die Heimkehr der Kriegsgefangenen, die England in der Tat erheblich früher entließ, als die übrigen Alliierten dies taten.

Amelunxen forderte von seinen Ministern und allen Beamten ausdrücklich das, was er sich selbst auch auferlegte: „...in dieser qualvollen Zeit nicht zu ruhen und zu rasten, um die Lebensbedingungen unseres armen Volkes zu verbessern." Aufs neue weigerte er sich, ein von den Engländern beschlagnahmtes pompöses Industriellen-Landhaus zu beziehen; wiederum begnügte er sich mit zwei bescheidenen Zimmern im Düsseldorfer Marienhospital, als zahlender Gast bei katholischen Ordensschwestern; von dort kehrte er nur am Wochenende, unter Mitnahme mehrerer Aktenkoffer, nach Hiltrup zurück, wo die Familie weiterhin wohnen blieb.

Eröffnung des Landtags

Am 2. Oktober 1946 – dieses Datum gilt seither als eigentlicher Gründungstag des Landes Nordrhein-Westfalen – eröffnete Amelunxen im halbzerstörten Düsseldorfer Opernhaus den ersten Landtag, bestehend aus 200 von den Parteien nominierten und von der Besatzungsmacht ernannten Abgeordneten: je 100 aus Rheinland und aus Westfalen, 71 der SPD, 66 der CDU, 34 der KPD, 18 dem Zentrum, neun der FDP und zwei keiner Partei zugehörig.

Die Stirnwand des Bühnensaals zierte ein riesiger englischer „Union Jack", flankiert von den viel kleineren Wappen der beiden Provinzen Rheinland und Westfalen. Aber Amelunxen setzte es durch, daß nicht der britische Oberbefehlshaber Sir Sholto Douglas das Präsidium führte, sondern er selber – placiert in der Tribünen-Mitte auf einem hochlehnigen Sessel, eingerahmt von Sir Sholto zur Rechten und William Asbury zur Linken, beide auf eher bescheidenen Taburetts sitzend.

Wenn mancher Zeithistoriker heute lehrt, die berühmte „Stunde Null" sei nur ein Phantom oder eine Fiktion, so fällt es schwer, darüber mit Leuten zu diskutieren, die damals ungeboren oder noch Kinder waren. Es muß ihnen verständlicherweise schwerfallen, den Geist jener Zeit zu begreifen, der mit dem „Zeitgeist" allgemeiner Apathie und Gleichgültigkeit allerdings wenig zu tun hatte. Es ist nicht auszuräumen, daß die Männer und Frauen, die in jener Stunde den „Karren aus dem Dreck" zogen, zutiefst von einer essentiellen Wende, einem geistig-moralischen Neubeginn überzeugt waren, und daß dieses Bewußtsein die Ära nach 1945 auch faktisch geprägt hat.

Dafür sprechen und stehen die Worte Amelunxens in seiner Landtags-Eröffnungsrede: „Gerechtigkeit und Wahrheit sind nach einem Wort des deutschen Rechtslehrers Christian Wolf die Grundlagen des Staates, nach deren Verlust der Staat in Trümmer geht. Der deutsche Staat und seine Souveränität zerfielen heillos in Trümmer, weil seine sittlichen Fundamente zerwühlt und zerstört waren. Nach den mißlungenen Versuchen von Frankfurt und Weimar steht heute das deutsche Volk vor seinem dritten Versuch, einen gesunden, auf Gerechtigkeit und Wahrheit beruhenden Volksstaat aufzurichten. Dieser Versuch ist eine letzte Möglichkeit. Sein Erfolg oder Mißerfolg entscheidet über die deutsche Zukunft".

Amelunxen wurde noch deutlicher: „Volksherrschaft erfordert Volksreife, sonst wird die Volksherrschaft zur Pöbelherrschaft. Die Menschenrechte können weder in Proviantwagen der Armeen importiert noch in professoralen Studierzimmern effektuiert werden. Nur wenn jeder Droschkenkutscher auf der Straße weiß, daß der Staat nicht Sache der Regierung, sondern seine eigene Sache ist, wenn die breiten Schichten des Volkes vom Gedanken der Demokratie zutiefst überzeugt sind, wenn alle willigen Kräfte am Aufbau teilnehmen können, wird der Versuch gelingen. Nur dann wird man das Wort des Philosophen Spinoza auf deutsche Verhältnisse anwenden können, daß es Aufgabe des Staates ist, aus den Menschen weder Automaten noch Bestien, sondern Bürger zu machen".

Am Schluß dieser Ansprache hieß es: „Wir sind der Überzeugung, daß der Staat für die Menschen geschaffen ist, daß die Regierung dem Volk gehört und nicht das Volk der Regierung. Es handelt sich bei unserem volklichen und staatlichen Aufbau nicht um einen Umbau, sondern um einen vollkommenen Neubeginn, weil am Tage der bedingungslosen Kapitulation, dem Tag, an dem wir von der Tyrannis befreit wurden, außer Ruinen nichts mehr vorhanden war. Es handelt sich um eine bewußte Umkehr von den Irrwegen Macchiavellis, um eine völlige Abkehr von dem blutrünstigen Idol des Machtstaates, um Hinwendung zu Freiheit und Fortschritt, der allein in der organisierten Gemeinschaft der friedliebenden Völker gesichert ist".

„Barrikaden der Freiheit"

Ab September 1946 hat Amelunxen für ein knappes Vierteljahr auch das Kultusministerium mitverwaltet, weil dessen erster Amtsinhaber Wilhelm Hamacher – ein begnadeter Pädagoge ohne jegliche Verwaltungserfahrung – sich den Anforderungen seiner neuen Tätigkeit selbst nicht gewachsen fühlte und seinen Posten zur Verfügung stellte. Die kurzfristige „Nebentätigkeit" bot dem Ministerpräsidenten willkommenen Anlaß, über die Pflicht des Tages hinaus auch die Notwendigkeit des geistig-kulturellen Wiederaufbaus zu betonen. Er besuchte die Universitäten und viele Schulen des Landes.

Eine seiner wichtigsten, auch heute noch lesenswerten Reden hielt er unter dem Titel „Barrikaden der Freiheit" bei der Immatrikulationsfeier der Kölner Universität am 6. November 1946. Damals sagte er den Studenten, die er mit „Meine Kommilitonen" anredete: „Die res publica ist nicht, wie viele immer noch wollen, kleinliche Mosaikarbeit der Bürokraten und Federfuchser. Sie ist auch kein Naturschutzpark für den tintesaufenden Amtsschimmel, sondern Ihre eigene Angelegenheit, um die Sie sich kümmern müssen. In Ihrer bevorzugten Stellung gegenüber Ihren Altersgenossen liegt zugleich Ihre ernste Verpflichtung. Ihr Privileg ist Ihre akademische Freiheit, die Ihnen keiner nehmen darf, die Sie aber auch richtig verstehen und ehrlich ausüben sollen. Diese Freiheit hat ihre Daseinsberechtigung nur in der sozialen Verantwortung ihrer Träger. Bedenken Sie, daß Sie letzten Endes nicht auf Kosten des eigenen Geldbeutels, sondern auf Rechnung des Volkes studieren, und daß nach den Worten der Bibel vieles von denen gefordert wird, denen vieles gegeben wurde. Auch an die Schwarzen Bretter der Hochschulen gehört die bündige Mahnung Adalbert von Chamissos: Hört, Ihr Herren, wir brauchen heute gute, nicht gelehrte Leute – seid Ihr einmal doch gelehrt, sorgt, daß niemand es erfährt!"

Dann wandte er sich an die Hörer jeder einzelnen Fakultät. Die Juristen bekamen zu hören: „Sie sollen erkennen, daß die Prinzipien der Sittlichkeit zugleich die Fundamente der Rechtsordnung sind. Ein Staat, der Rassenvorzüge, Klasseninteressen oder Bekenntnisgruppen gegen das natürliche Selbstbestimmungsrecht der Einzelpersönlichkeit ausspielt, ist nach einem Wort des Professors Aurelius Augustinus nichts anderes als eine große Räuberbande. Wenn eine Gemeinschaft Justizterror übt, die Gesinnung zensiert und die Geistesfreiheit mit Polizeiknüppeln traktiert, dann wird sie früher oder später in die selbstgeschaufelte Grube hineinstürzen – wofür Sie alle das Exempel erlebt haben".

Weiter hieß es an die Adresse der Juristen: „Sie werden erkennen, daß jede echte Gesetzgebung ein von niedrigen Tendenzen gereinigtes suum cuique in den Mittelpunkt des öffentlichen und privaten Lebens zu stellen hat. Die unabhängige Entfaltung des Individuums ist im Rahmen der sozialen Erfordernisse zu gewährleisten. Sie werden bei Ihrem Rechtsstudium lernen, daß der Widerstand eine geheiligte Pflicht der Bürger ist und immer sein muß, wenn eine Regierung die verfassungsmäßig gewährleisteten Rechte und Freiheiten mißachtet. Dann verstehen Sie auch, daß die Männer, die in den letzten Jahren als Landesverräter und Deserteure beschimpft wurden, und die Männer, die am 20. Juli 1944 der Tyrannis ein Ende setzen wollten, in Wahrheit weder Feiglinge noch vaterlandslose

42

Gesellen gewesen sind, sondern meistens Charakterköpfe, denen wir es zu verdanken haben, daß die Ehre und das Ansehen des deutschen Namens trotz eines Meers von unschuldigem Blut nicht restlos verloren sind".

Unter den vielen Ex-Offizieren und frischgebackenen Jurastudenten, die damals unter dem Katheder der Kölner Aula saßen und Amelunxen nachdenklich zuhörten, waren manche, die später im politischen Leben prominent wurden – so der Vizekanzler Erich Mende und der Bundestagspräsident Rainer Barzel... Sie trugen meist noch ihre umgefärbten Wehrmachtsuniformen und litten Hunger, waren aber auch hungrig nach geistiger Erkenntnis und haben am Schluß der Rede mit Klopfen und Trampeln nicht gespart.

Die zweite Regierung Amelunxen

Nach den ersten nordrhein-westfälischen Gemeindewahlen im Herbst 1946 ergab sich ein parteipolitisches Bild, das keineswegs den Vermutungen entsprach, nach denen die Besatzungsmacht den ernannten Landtag zusammengestellt hatte. Die Anhängerschaft der CDU war unterschätzt, diejenige von SPD, KPD und Zentrum jedoch überschätzt worden. Der zweite, immer noch ernannte, aber nun doch mit der Befugnis zur Gesetzgebung ausgestattete Landtag wurde in den auf die Parteien entfallenden Schlüsselzahlen diesem Wahlergebnis angepaßt. Die einzige Oppositionspartei, die CDU, hatte sich als mit Abstand stärkste Partei erwiesen. Das bedingte nicht nur eine beträchtliche Erhöhung der Zahl ihrer Abgeordneten von 66 auf 92, sondern warf auch erneut dringlich die Frage ihrer Regierungsbeteiligung auf.

In einer vertraulichen, bis heute nicht veröffentlichten Note wies William Asbury auf Geheiß des britischen Oberbefehlshabers den Ministerpräsidenten Amelunxen darauf hin, daß es nunmehr geboten sei, die CDU um jeden Preis zum Eintritt in seine Regierung zu bewegen – gelinge dies nicht, so müsse „eine völlige Umänderung des Kabinetts mit einem neuen Ministerpräsidenten in Erwägung gezogen" werden. Die Note schloß mit den Worten: „Ich würde eine solche Entscheidung persönlich lebhaft bedauern, aber es wäre unfair, Ihnen nicht zu sagen, daß ich dazu gezwungen sein könnte".

Diese kurze Notiz widerlegt die oft aufgestellte Behauptung, die damalige britische Labour-Regierung habe die CDU von der Regierungsverantwortung in Nordrhein-Westfalen planmäßig ausschließen wollen. Das Gegenteil ist richtig, und dieses Gegenteil galt auch für Rudolf Amelunxen. Seine Bemühungen, die bei Bildung seines ersten Kabinetts gescheitert waren, hatten diesmal Erfolg.

Leicht wurde es ihm auch jetzt nicht gemacht, wie sein ebenfalls bisher unveröffentlichter Vermerk vom 13. 11. 1946 ausweist. Mit eigener Handschrift legte er nieder: „Ich habe gestern mit Dr. Adenauer im Marienhospital in Düsseldorf und gestern und heute im Landtag wiederholt verhandelt. Es handelte sich um 8 bis 10 Besprechungen. Dr. Adenauer erklärte, er verlange das Innenministerium, das Kultusministerium, das Landwirtschaftsministerium. Wenn er das Innenministerium nicht erhalte, trete er in die Regierung nicht ein. Am heutigen Tag verhandelte ich mit den Vertretern der SPD, der Demokr., des Zentr. und der Kommunisten. Die SPD erklärte, wenn sie das Innenministerium nicht erhalte, trete sie aus dem Kabinett aus. Dr. Adenauer erklärte, wenn die SPD austrete, mache er nicht mit. Er hatte auch meinen Vorschlag, sich mit dem Kultus (sic), Wohlfahrt, Landwirtschaft und Justiz sich zu beteiligen, abgelehnt. Mit diesem meinem Vorschlag waren die anderen Parteien einverstanden. – Heute abend vereinbarte ich mit Dr. Adenauer, daß wir die Verhandlungen um eine Woche vertagen wollten".

Nach einer weiteren Woche wurde das Ziel dann endlich erreicht. Adenauer hatte in einem für ihn wichtigen Punkt nachgegeben: die SPD behielt das Innenministerium. An Amelunxens zweitem Kabinett, ab 5. Dezember 1946, beteiligte sich die CDU mit vier Ministern, darunter Karl Arnold als stellvertretender Ministerpräsident. Heinrich Lübke, ebenfalls der CDU angehörig, trat wenige Wochen später als Landwirtschaftsminister in die Regierung ein, nachdem Amelunxen persönlich seine Bedenken gegen die Übernahme eines so schwierigen Amtes zerstreut hatte.

Amelunxen selbst war bis dahin immer noch nicht in eine politische Partei eingetreten. Das entsprach seinem eigenen Verständnis, das er – nicht ohne solides Selbstwertgefühl – von sich als einem überparteilichen, nur dem Gemeinwohl verpflichteten Amtsträger hatte. Es war wiederum die Besatzungsmacht, die ihm durch William Asbury diskret zu verstehen gab, daß er als Parteiloser seine Arbeit als Ministerpräsident auf die Dauer nicht werde fortsetzen können. So entschied er sich Anfang 1947 zum Anschluß an die im Oktober 1945 in Soest wieder begründete Zentrumspartei. Opportunismus kann für ihn nicht ausschlaggebend oder auch nur mitbestimmend gewesen sein. Er wählte bewußt die Seite der „schwächeren Bataillone", da die CDU sich ja schon in den ersten Wahlen als viel stärker erwiesen hatte und ihn zweifellos gern in ihren Reihen gesehen hätte.

Es ist keine rückwärts gewandte Prophetie, sondern eine ganz nüchterne Einschätzung, daß Amelunxen – hätte er sich damals für die CDU entschieden – mindestens bis 1958 Ministerpräsident des Landes Nordrhein-Westfalen geblieben wäre.

Entscheidend für seine Wahl waren wiederum Gesinnung und Charakter. Im „Neuen Zentrum" sah er den legitimen geistig-politischen Nachfolger jenes linken Flügels der alten Zentrumspartei, dem er in der Weimarer Zeit angehangen hatte. Einen Beitritt zur neu entstandenen CDU hat er nie ernsthaft erwogen. In dieser Partei schienen ihm damals zu viele Leute versammelt, die nach seinen Begriffen „nicht fortschrittlich dachten", eben „zu weit rechts" standen, oder deren politische Haltung in der Nazizeit nicht seinen Beifall gefunden hatte. Im März 1947 hielt er in Essen seine erste große Wahlrede für die Zentrumspartei.

Die lippische Rose

Seine (bis heute) endgültige Grenze durch territoriale Abrundung im Nordosten erreichte Nordrhein-Westfalen im Januar 1947 mit der Eingliederung des nur 1250 qkm großen Ländchens Lippe, des ehemaligen Fürstentums Lippe-Detmold. Diese Vereinigung von David mit Goliath beruhte in erster Linie auf der persönlichen Übereinkunft zweier Männer, die sich wiederum in Temperament, Weltsicht und Lebensart ähnelten, daher auch einander sympathisch waren: Rudolf Amelunxen und Heinrich Drake.

Letzterer, 1945 aus einem Nazi-Zuchthaus befreit, residierte in der Hauptstadt Detmold als „Landespräsident" mit einer Mini-Regierung, bis die englische Besatzungsmacht es unrationell fand, für diesen Zwergstaat eine gesonderte Militärregierung oder Zivilkommission zu unterhalten. Schon bald wurde klar, daß Lippe (wenn man es noch „Lippe-Detmold" nannte, wurde Heinrich Drake ernsthaft böse) seine 800jährige Unabhängigkeit verlieren würde. Die Pläne für einen „Weser-Staat", der von Paderborn über Lippe bis Braunschweig reichen sollte, stammten aus den Federn der schon erwähnten Memoranden-Verfasser und wurden schnell zu den Akten gelegt.

Um so wichtiger erschien es dem ehemaligen Landtagsstenographen und autoritären Regionalpatrioten Drake – von den Engländern respektvoll „Mr. Lippe" genannt – durch taktisches Finassieren, in Verhandlungen mit den größeren Nachbarn im Westen und im Osten das Beste für seine Heimat „Drakonien" herauszuholen. Der hannoversche Ministerpräsident Hinrich Kopf, der „rote Welfe", insoweit anfangs von der Militärregierung unterstützt, hätte Lippe, das Drake so teuer wie möglich „verkaufen" wollte, gern an Niedersachsen angeschlossen. Aber zu substantiellen Zugeständnissen, wie er sie immerhin den Ländern Oldenburg und Braunschweig als Preis für die Einverleibung bot, war er gegenüber Lippe nicht bereit.

Entgegenkommen und offene Arme fand Drake hingegen bei Rudolf Amelunxen, der selbst davon überzeugt war, daß Lippe verwaltungs- und justizmäßig, aber auch in wirtschaftlicher und kultureller Hinsicht bei Nordrhein-Westfalen besser aufgehoben sein würde als bei Niedersachsen. In Amelunxens Hiltruper Wohnung, sodann bei einem Waldspaziergang am

Fuß des lippischen Hermannsdenkmals erörterten beide Präsidenten das heikle Projekt. Beide besaßen die Vollmachten sowohl der Engländer als auch ihrer Kabinette, waren sich aber keineswegs der Zustimmung ihrer Landtage in Düsseldorf und in Detmold sicher.

„Wir müssen jetzt einigen Mut haben", sagte Amelunxen bei einer dieser intimen Begegnungen zu seinem Gegen- oder Mitspieler Drake. In einer Absichtserklärung von 16 Artikeln, die Amelunxen als Kenner der Diplomatiegeschichte „Punktationen" nannte, wurde man handelseinig. Lippe sollte sich mit seinen beiden Landkreisen an Nordrhein-Westfalen anschließen und Teil des Regierungsbezirks Minden werden, jedoch sollte Name und Sitz des Regierungsbezirks von Minden nach Detmold verlegt und Drake dort Regierungspräsident werden. In seinen bisherigen Grenzen sollte Lippe einen „Landschaftsverband" bilden, der eigene Domanial-, Kultur- und Bäderverwaltung mit großzügiger finanzieller Ausstattung erhalten sollte, und es würde durch vier eigene Abgeordnete im Düsseldorfer Landtag vertreten sein. Auch sein traditionelles Gemeinschaftsschulsystem sollte Lippe behalten dürfen.

Amelunxen und Drake besiegelten das mit Bleistift geschriebene Konzept dieser Punktationen (wie sie bis heute heißen) mit Namensparaphen und mit Handschlag. Dann löffelten sie gemeinsam eine Erbsensuppe im schlichten Gasthaus „am Hermann". Sie würden beide politisch den Hals gebrochen haben, wenn die zuständigen Parlamente ihr Vorhaben nicht akzeptiert hätten. Aber der Husarenritt gelang. Als Amelunxen am 23. Januar 1947 den Anschluß Lippes im Düsseldorfer Landtag bekanntgab, klatschte das gesamte Haus stürmischen Beifall. Drake hatte die gleiche Fortune in Detmold. Weniger erbaut war die Beamtenschaft in Minden, die nun nach Detmold umziehen mußte. Es gab dort eine kleine Palastrevolution, die Drake nur mit hartem Durchgreifen beenden konnte. Jedoch waren auch diese bürokratischen Querelen bald ausgestanden, und seither ist die lippische Rose unangefochtener Bestandteil des nordrhein-westfälischen Landeswappens, zwischen dem Rheinstrom und dem springenden Roß.

Noch heute aber hört man bewegte Klagen aus dem Bereich des ehemaligen, noch kleineren Bruderländchens Schaumburg-Lippe, das ohne jede Gegenleistung in Niedersachsen aufgegangen ist und heute nur noch einen Landkreis wie andere im Regierungsbezirk Hannover darstellt – das hätte man damals, eben mit Amelunxen, auch anders haben können...

Die Münchener Konferenz

Im Juni 1947 vertrat Rudolf Amelunxen sein Land auf der ersten und bisher einzigen gesamtdeutschen Ministerpräsidenten-Konferenz in München. Bekanntlich haben damals die Regierungschefs der Länder der sowjetischen Besatzungszone diese Konferenz noch vor deren eigentlichem Beginn wieder verlassen, weil sie ihr Ziel, die Bildung eines deutschen Einheitsstaats politisch zu diskutieren, nicht durchsetzen konnten. Die westlichen Alliierten hätten ein solches Beratungsthema keinesfalls zugelassen, und dies war allseits bekannt.

Während einer langen Nacht versuchten Amelunxen und andere Westdeutsche, die mitteldeutschen Kollegen zum Bleiben zu bewegen. Das ist mißlungen. Selbst der thüringische Ministerpräsident Rudolf Paul, der sich persönlich vielleicht auf die anderen vorgesehenen Konferenzthemen eingelassen hätte, sah sich einer geschlossenen Front im damaligen stalinistischen Sinn gegenüber. Im Morgengrauen verließen die Regierungschefs der SBZ in ihren großen, von Volkspolizei-Offizieren gesteuerten Dienstlimousinen die bayerische Hauptstadt.

Nach keiner noch so hitzigen Auseinandersetzung mit Engländern oder Deutschen hat man den Patrioten Rudolf Amelunxen so erschöpft, verstört, ja verzweifelt gesehen wie in dieser unglücklichen Stunde. Für ihn und seine Umgebung hatte die Tragödie noch ein Satyrspiel: die amerikanische Militärpolizei verhaftete seinen Fahrer Freericks – aufgrund eines Mißverständnisses, das rasch aufgeklärt werden konnte; man hatte den biederen Mann mit einem einstigen höheren SA-Führer gleichen Namens verwechselt...

VII. Kampf gegen Not

Rückkehr zur „ersten Liebe"

Im Sommer 1947 trat in Düsseldorf der erste aus allgemeinen Wahlen hervorgegangene Landtag von Nordrhein-Westfalen zusammen. Er wählte, erwartungsgemäß nach korrektem demokratischem Brauch, den Exponenten der CDU als stärkster Fraktion zum Ministerpräsidenten – Karl Arnold, der Amelunxens Stellvertreter gewesen war und mit ihm in besten persönlichen Beziehungen stand. Im Kabinett Arnold wurde der gewählte Zentrums-Abgeordnete Amelunxen Sozialminister – womit er, wie er in Erinnerung an seine Berliner Anfänge im preußischen Wohlfahrtsministerium launig bemerkte, „zu seiner ersten Liebe zurückgekehrt" war.

Am Tage seines Amtsantritts, dem 17. Juni 1947, erklärte er öffentlich: „Das Sozialministerium muß das volksnaheste Ministerium in unserem Lande sein. In jedem anderen Ministerium kann man vielleicht verknöcherte Bürokraten dulden. Im Sozialministerium müssen volksnahe Menschen sitzen. Denn unser armes, verschüchtertes Volk, das zwölf Jahre hindurch angeschrien und geschuriegelt wurde, muß, wenn es überhaupt wieder Vertrauen fassen soll, Liebe fühlen".

Drei Jahre lang hat sich Amelunxen nun einem Ressort gewidmet, das nach seiner Behauptung und wohl auch tatsächlich den damals wichtigsten Bereich einer Landesregierung umfaßte. Das erste Drittel seiner Amtszeit, bis zur Währungsreform, war gekennzeichnet von bitterster Not, von Entbehrung und Hunger in breiten Schichten des Volkes. Hier mußte nach Kräften geholfen werden. Als weitere dringliche Aufgaben kamen hinzu die Eingliederung der Vertriebenen, Umsiedler und Heimkehrer, die Versorgung der Kriegsopfer, der Verfolgten und Hinterbliebenen, die Vorbeugung gegen Seuchen, Gesundheitspflege und Gesellschaftshygiene, Kampf gegen Berufs- und Mangelkrankheiten, Förderung des Schulspeisungs- und des Deputatswesens.

Am Rand der Katastrophe

Die allgemeine Not betraf in Nordrhein-Westfalen ein Land, das mit 346 – im eigentlichen Ruhrgebiet gar 1078 – Einwohnern pro Quadratkilometer dichter bevölkert war als jeder Staat in Europa. Von den zwölf Millionen Einwohnern waren 800 000 nur notdürftig untergebracht, 120 000 lebten in Kellern, Bunkern, Asylen und Gemeinschaftsquartieren. Zwei Millionen Wohnungen waren zerstört. Das Land hatte fast eine Million Flüchtlinge aufgenommen, davon zwei Drittel Frauen und Kinder; mehr als ein Zehntel von ihnen war obdachlos, und 60 000 hausten in Lagern.

Zu Jahresanfang 1947 waren in Nordrhein-Westfalen 120 000 Tuberkulose-Fälle gemeldet. 25 000 Menschen litten an offener Tuberkulose. Für sie standen nur 12 000 Hospitalbetten zur Verfügung. Von den etwa tausend Krankenhäusern des Landes war die Hälfte zerstört oder beschädigt. Die Zahl der Geschlechtskranken hatte sich seit den letzten Kriegsjahren vervierfacht, die der Syphilitiker allein verachtfacht. Man zählte rund 2000 Kriegsblinde. Von den rund 35 000 anerkannten politisch, rassisch und religiös Verfolgten waren mehr als 5000 arbeitsunfähig, 6000 nur teilweise arbeitsfähig. Auch der körperliche Zustand der heimkehrenden Kriegsgefangenen, von denen viele an Kreislaufschwäche und Hungerödemen litten, war durchweg katastrophal.

Es fehlte an fast sämtlichen Medikamenten, vor allem an Insulin und Penicillin, sowie an Stärkungs- und Aufbaumitteln von Lebertran bis Biomalz, an Kinderwindeln und Verbandsstoffen. Nur Ärzte gab es genügend, weil deren Ausbildung als „kriegswichtig" erachtet worden war...

Wie im Gesundheitswesen, so regierte auch bei der Ernährung der „Ersatz" in mehr oder minder phantasievoller Ausführung. Der Mangel an Fett und Vitaminen machte – ein teuflischer Kreislauf – die Menschen wiederum anfällig für Krankheiten, vor allem in den Massenquartieren der

Flüchtlingslager. Zucker gab es nur in kleinsten Mengen, Südfrüchte so gut wie gar nicht. Auch wer nicht unmittelbar zu hungern brauchte (wie etwa Schwer- und Schwerstarbeiter, die bei den Zuteilungen bevorzugt wurden), litt unter der Verschlechterung der Lebensmittelqualität: der Nährwert des Rindfleischs war, weil Mastvieh nicht aufgezogen werden konnte, um die Hälfte gesunken, das Brot wurde aus Maismehl, das Dünnbier aus Molke hergestellt, und der Fettgehalt der Milch war generell auf höchstens zwei Prozent beschränkt – die verordnete Nazi-Sprachregelung, daß dies nicht Magermilch, sondern „entrahmte Frischmilch" sei, galt immer noch...

Die famosen Kalorien-Berechnungen jener Zeit standen daher ernährungswissenschaftlich wie auch praktisch auf tönernen Füßen. Das Volk hatte dafür ohnehin kein Verständnis. Das Volk pfiff ein Liedchen: „Wer heut' sein Leben liebt, der schiebt – Wem Ehrlichkeit im Blute rauscht, der tauscht – Wem beide Wege sind verbaut, der klaut – Wer alles redlich sich erwirbt, der stirbt!" Das Verhalten, das solcher Galgenhumor empfahl, konnte mit sinnlosen Vorschriften keineswegs bekämpft werden.

Der „Kaffee-Minister"

Amelunxen packte seine Aufgaben an in enger Zusammenarbeit mit den freien Wohlfahrtsverbänden, mit Kirchen und Ordensgenossenschaften, mit Gewerkschaften, Verfolgten- und Flüchtlingsvereinigungen. Den Gipfel seiner Popularität im neuen Amt erreichte er mit dem Spitznamen „Kaffee-Minister", der ihm spontan zuteil wurde, als er eine Weihnachts-Sonderzuteilung der begehrten braunen Bohnen für jeden erwachsenen Landesbewohner im tristen Winter 1947 durchpaukte.

In seine Amtszeit fiel der Erlaß des nordrhein-westfälischen Landesflüchtlingsgesetzes, die Errichtung eines Flüchtlingsbeirats und die Einberufung eines ständigen Landesgesundheitsrats. Zahlreiche Krankenhäuser und Rehabilitationseinrichtungen verdankten dem Sozialminister Amelunxen ihre Existenz und ihre finanzielle Ausstattung.

Beruflich ist er selten so viel gereist wie in diesen drei Jahren. Er tauchte unangemeldet in Vertriebenenlagern und Sanitätsbereichen auf, wo er vor Ort nach dem Rechten sah, bisweilen Entsetzen verbreitete und blitzartig nötige Reformen, auch personeller Art, veranlaßte. In einem Lager hat er den mehrköpfigen Vorstand, von dem er bei seinem Erscheinen kein einziges Mitglied im Dienst antraf, stehenden Fußes ausgewechselt. Wo er Unfähigkeit oder Schlamperei erkannte, griff er mit Härte durch.

Hilfe des Auslands

Amelunxen hat auch den öffentlichen Gesundheitsdienst in England studiert und rege unmittelbare Kontakte zu Ministerkollegen in Deutschland und Europa unterhalten. Um ausländische Hilfe für die deutsche Not war er ständig bemüht – in diesem Sinn und zu diesem Zweck machte er Bekanntschaft mit dem niederländischen Königshaus und mit anglikanischen Bischöfen, mit Quäkern und Methodisten, mit Sir Winston Churchill und Anthony Eden, Lord Beveridge und Lord Henderson, mit Edouard Herriot und André Francois-Poncet, mit den großen Philanthropen Herbert Hoover, Victor Gollancz und Harry Söderman.

Letzterer, der auch ein bedeutender Kriminalist und Mitgründer der INTERPOL war, organisierte gemeinsam mit der schwedischen Rotkreuz-Präsidentin Ebba Bonde regelmäßige Schiffstransporte, mit denen mehrere hundert unterernährte Ruhrgebiets-Kinder jeweils für ein Jahr auf skandinavische „Fettweiden" bei Bauernfamilien gebracht wurden. Diese humanitäre Dauerhilfe hatte Amelunxen in einem langen persönlichen Gespräch mit dem sympathischen Harry Söderman erwirkt. Den ersten dieser Kindertransporte hat er persönlich nach Travemünde begleitet. Den Schweden fiel auf, daß er es mit taktvoller Zurückhaltung vermied, sich von den Kleinen und ihren Eltern als „wohltätiger guter Onkel" feiern zu lassen – was manch anderer Politiker zwecks Popularitätsgewinn sicherlich getan hätte und später noch tat.

Im Mai 1948 nahm Amelunxen als Mitglied einer deutschen Delegation am ersten internationalen Europa-Kongreß in Den Haag teil. Er knüpfte dort enge Kontakte zur Akademie für Internationales Recht, deren Hörervereinigung ihn zehn Jahre später mit der Ehrenmitgliedschaft auszeichnete. Auch besuchte er Kardinal de Jong, den Erzbischof von Utrecht, der zur deutschen Besatzungszeit in den Niederlanden die gleiche mutige Rolle gespielt hatte wie einst sein Amtsbruder Mercier im besetzten Belgien während des Ersten Weltkriegs.

Weniger beeindruckt zeigte sich Amelunxen von einem Besuch im Hauptquartier der „Moralischen Aufrüstung" im schweizerischen Ort Caux bei Montreux. Er hat diese Bewegung des Amerikaners Frank Buchman später als „Heilsarmee der feinen Leute" bezeichnet; ihre menschenfreundlichen Bestrebungen erkannte er zwar dankbar an, fühlte sich aber von ihrem sektiererischen Fanatismus abgestoßen; auch mißfiel ihm die eigennützige Beflissenheit, mit der sich manche Deutsche in den Dienst jener Bewegung stellten.

Private Querelen

An persönlichen Anrempeleien und Verdächtigungen hat es auch Amelunxen in diesen Notjahren, in denen das Denunziantentum in Blüte stand, nicht gefehlt.

Einige damals prominente Düsseldorfer beklagten es öffentlich, daß er ausgerechnet in einem Krankenhaus wohnte und damit „Bettenraum für

Wöchnerinnen" entzöge. Die Beschwerdeführer selber residierten freilich in großen Villen und dachten nicht daran, Flüchtlingen auch nur eines ihrer Zimmer freiwillig zur Verfügung zu stellen.

Entgegen anderslautenden Behauptungen waren die Lebensmittelzuteilungen für Landesminister nicht höher als für die Normalverbraucher. Von der – immerhin wohl diskutablen – Möglichkeit, Schwerarbeiter-Zulagen zu erhalten, hat kein damaliges Kabinettsmitglied Gebrauch gemacht.

In Essen hatte ein pfiffiger Barbesitzer auf einem Tisch seines Etablissements wochenlang ein Schild aufgepflanzt: „Reserviert für den Sozialminister". Auf hämische Presse-Kommentare hin ließ Amelunxen trocken verlauten, er bewundere zwar den Geschäftssinn dieses Kaufmanns, jedoch habe er eine Bar in seinem ganzen Leben höchstens drei- bis viermal von innen gesehen – und dies als Ministerialrat in Berlin, als dienstlicher Anstands-Begleiter ausländischer Ehrengäste.

Über e i n e Marotte Amelunxens hat sich freilich niemand aufgehalten: als einziger Minister des Landes zeichnete er im innerdienstlichen Verkehr weiterhin mit dem Blaustift, der eigentlich dem Ministerpräsidenten vorbehalten war – aber eben dies war er ja einmal gewesen, und so hat er das diskrete Signum unbeanstandet bis zum Ende seiner Dienstzeit weitergeführt...

Kandidatur in Bonn

Im August 1949 wurde Amelunxen als Zentrumsabgeordneter in den ersten Deutschen Bundestag gewählt – ein Mandat, das er bald niederlegte, weil er glaubte, es mit seinen Pflichten als aktiver Landesminister zeitlich nicht vereinbaren zu können.

Am 12. September desselben Jahres war er, von der Zentrumspartei präsentiert, einer der drei Kandidaten zur Wahl des ersten Bundespräsidenten, neben Theodor Heuss und Kurt Schumacher. Entgegen seiner Selbsteinschätzung als bloßer „Zählkandidat" war es durchaus nicht von vornherein klar, daß er bei der Wahl unterliegen würde; bei einem Remis oder Patt zwischen den beiden anderen prominenten Bewerbern, das sich nach dem ersten Wahlgang abzuzeichnen schien, hätte eine Kompromiß-Einigung der Bundesversammlung auf Rudolf Amelunxen im Bereich des Möglichen gelegen – ein Ergebnis, das er selbst mit einiger Sicherheit damals nicht gewünscht hat.

Seine eigene Stimme hat er Theodor Heuss gegeben, der dann im zweiten Wahlgang die absolute Mehrheit gewann. Amelunxen erhielt immerhin beim ersten Anlauf 28, beim zweiten gar 30 Stimmen, und diese können schlechterdings nicht allein aus der nur 20 Abgeordnete zählenden Zentrumsfraktion gekommen sein.

Am Nachmittag dieses 12. September gab das Staatsoberhaupt der Bundesrepublik seinen ersten Empfang in den Gärten des Schlosses Brühl. Die Zufahrt zum Schloß säumten jubelnde Schulkinder, die von ihren Lehrern dort aufgestellt worden waren. Sie schwenkten begeistert nagelneue Papierfähnchen in den ebenso neuen Bundesfarben Schwarz, Rot und Gold. Der französische Hochkommissar André Francois-Poncet, langjähriger Zeitzeuge der Vergangenheit, kommentierte das mit der versonnenen Bemerkung: „Deutschland nimmt wieder Form an..."

VIII. Das edelste Ministerium

Der letzte Zyklus

Als Karl Arnold im Sommer 1950 vom Landtag erneut zum Ministerpräsidenten gewählt wurde, übernahm er Rudolf Amelunxen in sein zweites Kabinett, diesmal als Justizminister. In dieser Funktion ist er auch ab 1954 in der dritten Regierung Arnold verblieben, und von 1956 bis 1958 führte er im Kabinett des Sozialdemokraten Fritz Steinhoff dieses Amt weiter.

Damit begann der letzte bedeutende Abschnitt im dritten 13-Jahre-Zyklus seines politischen Lebens. Von den Spuren, die Amelunxens öffentliches Wirken bis heute hinterlassen hat, sind wohl die meisten in der achtjährigen Amtszeit als Justizminister des Landes Nordrhein-Westfalen gelegt worden. Wolfram Köhler hat die Periode als „einen der produktivsten Abschnitte und einen Höhepunkt im Leben dieses Mannes" bezeichnet. Amelunxen selbst hat sein neues Amt damals als „das edelste aller Ministerien" angesehen.

Die allgemein zugänglichen Quellen fließen hier noch reichlich, und auch jüngere Menschen können sich daraus informieren.

Reformen in der Strafrechtspflege

Im strafrechtlichen Bereich ist das Gnadenwesen hervorzuheben, das Amelunxen 1952 reformierte. Damals wurden die Entscheidungen in Gnadensachen in Nordrhein-Westfalen – wie später auch in der Bundesrepublik – der Staatsanwaltschaft entzogen und besonderen, mit Richtern und Staatsanwälten besetzten „Gnadenstellen" übertragen.

Den Strafvollzug im engeren Sinn förderte Amelunxen durch die Ausdehnung des gelockerten und des offenen Vollzuges. Das ohne Mauern und Gitter errichtete „Lager für junge Gefangene" in Staumühle bei Paderborn wurde vorbildlich für ähnliche Einrichtungen des Erwachsenen-Vollzugs.

Auf Amelunxens Initiative geht die Reform des Strafregisterwesens, insbesondere durch Abbau der gebotenen amtlichen Auskünfte, und die Entwicklung der Bewährungshilfe von ehrenamtlicher zu hauptamtlicher Trägerschaft zurück. Er sorgte auch dafür, daß die Deliktsbezeichnungen der Angeklagten nicht mehr auf den Sitzungstafeln der Gerichte erschienen, um unnötige Bloßstellung durch hämische Neugier zu vermeiden.

Wiederaufbau der Gerichte

Bis 1957 hat Nordrhein-Westfalen mehr als 100 Millionen DM für den Wiederaufbau kriegszerstörter Justizgebäude und Gerichtsneubauten aufgewendet.

Im September 1955 legte Amelunxen den Grundstein zum Neubau des größten deutschen Oberlandesgerichts, in Hamm, mit drei Hammerschlägen. Zum ersten Schlag zitierte er Goethe, der als junger Rechtskandidat nach gescheitertem Doktorexamen gesagt hatte: „Trotzdem – Vorsicht und Genauigkeit im Denken verdanke ich meinem juristischen Studium!" Der zweite Schlag wurde geführt mit den Worten des einstigen Reichsjustizministers Gustav Radbruch: „Es ist die Todsünde des Rechts und seiner Vertreter, zu glauben, es gebe im Leben Verhältnisse, in denen man mit einem Menschen ohne Liebe verkehren könne!"

Beim dritten Hammerschlag gedachte Amelunxen eines persönlichen Vorbilds, des früheren preußischen Justizministers Hugo am Zehnhoff; dieser hatte öfters ein Märchen vom „Alten Kakadu in Indien" zitiert, der sinnend dasaß und wechselweise mal das rechte, mal das linke Auge schloß: „Das war ein großer Philosoph, der alte Kakadu – denn wer zufrieden leben will, drück' stets e i n Auge zu!" Amelunxen – der letzteres als Mahnung an Richter wie auch an Rechtssuchende verstanden wissen wollte – schloß mit dem Wunsch, daß „der Geist dieser drei Großen in diesem Gerichtsbau stets eine Heimstatt haben möge".

Der technischen Rationalisierung der Justiz durch moderne maschinelle Einrichtungen galt Amelunxens ständiges Bemühen, obwohl er selbst von derartigen Innovationen nicht gern Gebrauch machte – persönlich haßte er Telefone, ein Diktiergerät hat er niemals benutzt, und gar mit Computern würde er sich, auch wenn er länger amtiert hätte, niemals befreundet haben.

Laienrichter und Rechtspfleger

Amelunxen war ein erklärter Freund der Laiengerichtsbarkeit im Sinne einer aktiven Mitwirkung des Volkes an der Rechtspflege. Er kümmerte sich – um ein scheinbar unwichtiges, von den Betroffenen aber dankbar vermerktes Exempel zu nennen – etwa darum, daß Schöffen und Geschworene nicht mehr auf harten Brettstühlen neben dem Thron des Vorsitzenden placiert wurden, sondern auf gleichen Sesseln wie die Berufsrichter an den Sitzungen teilnehmen konnten. Auch installierte er regelmäßige Aussprachen zwischen Berufsrichtern, Staatsanwälten und Laienrichtern, um Vertrauen und wechselseitige Information zu fördern.

Um kleinere Konflikte möglichst im Vorfeld der Justiz zu bereinigen, hat Amelunxen dem Schiedsmannswesen besondere Aufmerksamkeit gewidmet.

Das 1957 erlassene Rechtspflegergesetz der Bundesrepublik, das eine Entlastung der Richter und eine verstärkte Position des Rechtspflegeramtes bewirkte, ist durch Amelunxens Initiative seit 1952 nachhaltig beeinflußt und befruchtet worden. Sein Ausscheiden aus dem Amt des Justizministers im Jahre 1958 ist wahrscheinlich von keiner Berufsgruppe in Nordrhein-Westfalen so lebhaft bedauert worden wie gerade von den Rechtspflegern, für deren Wünsche und Sorgen er stets ein weit geöffnetes Ohr hatte, auch wenn er sie damals nicht unbedingt als „zweite Säule der Justiz" anerkennen mochte.

Die rechtsprechende Gewalt

Die finanzielle Heraushebung des Richterstandes aus der allgemeinen Beamtenschaft erreichte der Justizminister, der damals auch Mitglied des Bundesrates war, durch die in die Justizgeschichte eingegangene „Lex Amelunxen" von 1953, die bundesweit den Richtern eine monatliche lineare Zulage von 100 DM (zu jener Zeit gutes Geld) über die Einkünfte ihrer normalen Besoldungsgruppe hinaus gewährte.

Obwohl Amelunxen selbst nur ganz kurze Zeit Richter gewesen war, nahm er die Festschreibung des Grundgesetzes ernst, daß die rechtsprechende Gewalt „den Richtern anvertraut" ist – sonst keinem und niemand. Und er hat oft das geflügelte Wort eines kundigen Berliner Ganoven zitiert: „Wenn ich schuldig bin, dann möchte ich ganz gern vor einem Laiengericht stehen – bin ich aber ausnahmsweise mal unschuldig, dann um Gottes willen nur vor Berufsrichtern!" Ihm wäre es nicht eingefallen, Richter und Staatsanwälte populistisch als „Justizangehörige" zu klassifizieren und anzusprechen, wie es einige seiner Nachfolger später getan haben. Was die Staatsanwälte anging, so hätte er gewiß eine Wertung seines bedeutenden Amtsnachfolgers Josef Neuberger unterschrieben: „Der Staatsanwalt gehört zum Gericht, wie die Frau zu ihrem Mann gehört!" Die höchsten Richter des Bundeslandes Nordrhein-Westfalen waren in seinen Augen nicht die (vorwiegend mit Verwaltungstätigkeit befaßten) Präsidenten und Chefpräsidenten der Justizbezirke, sondern die Senatspräsidenten der Oberlandesgerichte – ohne Rücksicht auf ihre vergleichsweise bescheidenere Besoldung. Die entsprechenden Stellen waren zu seiner Amtszeit niemals Sinekuren für altgediente Ministerialräte, denen weiterer Aufstieg verwehrt blieb, sondern echte Spitzenpositionen für hervorragend befähigte Richter. Und wenn schon einmal Ministerialbeamte aus seinem Haus in solche Positionen überwechselten, dann waren es Männer wie etwa der Berliner Ernst Thierbach, der schon als Amtsrichter in der Mark Brandenburg und nach dem Krieg lange Zeit als Schwurgerichtsvorsitzender in Hagen amtiert hatte, bis ihm die Revisionsrechtsprechung in Strafsachen für das nördliche Rheinland, als Vorsitzender des damals einzigen Strafsenats beim Oberlandesgericht Düsseldorf, anvertraut wurde.

Andererseits verfügten aber auch die Staatssekretäre des Justizministeriums zu Amelunxens Amtszeit über fundierte richterliche Erfahrung – eine unverzichtbare Tradition, die in Nordrhein-Westfalen bis auf den heutigen Tag erhalten geblieben ist.

Sorge für den Juristennachwuchs

Für die Ausbildung des juristischen Nachwuchses sorgte Amelunxen mit einem ganzen Bündel von Maßnahmen. Er verkündete: „Ein Jurist ist ein ungebildeter und für das öffentliche Leben völlig ungeeigneter Zeitgenosse, wenn sein Wissen und Denken nur um Paragraphen und Gesetze kreist!" Stets war ihm daran gelegen, die Fülle des Lernstoffs tunlichst zu verringern – zugunsten einer vertieften Denkschulung, zugunsten der Erkenntnis vom Zusammenhang des Rechts mit dem Sozialleben, mit Philosophie, Geschichte und Kultur. Sein Reformstreben fand hier Niederschlag in dem nordrhein-westfälischen Gesetz über die juristischen Staatsprüfungen und den Vorbereitungsdienst von 1956.

Die „Humanisierung des Examens" (heute leider oft durch Mathematisierung ersetzt) erklärte der Humanist Rudolf Amelunxen ausdrücklich als sein Herzensbedürfnis. Er wußte, weil er eigene Erfahrungen keineswegs vergessen hatte, daß der „homo candidatus" ein nervöses und verstörtes, einem Menschen im Normalzustand nur bedingt vergleichbares Wesen ist, dessen wahre Persönlichkeit und Befähigung auch nur bedingt an den „ad hoc" zu erbringenden Prüfungsleistungen gemessen werden kann.

Die Bewährung in der Praxis erschien Amelunxen stets wichtiger als die Examensnote – hatte er doch nicht selten erleben müssen, daß glänzend bewertete „Einserjuristen" im Berufsleben jämmerlich versagten, weil sie nicht einmal ihr tägliches Aktenpensum abzuholzen vermochten, über Zwirnsfäden stolperten, den Wald vor lauter Bäumen nicht sahen. Umgekehrt hatte er auch erfahren, daß Menschen, die nur äußerst mühsam in den Sattel gelangt waren, dann plötzlich bewiesen, daß sie erstklassig zu reiten verstanden.

Im Jahre 1953 glaubte Amelunxen, in der Öffentlichkeit eine größere Unruhe darüber feststellen zu müssen, daß die Ergebnisse des Assessorexamens je nach Person des jeweiligen Vorsitzenden der Prüfungskommission höchst unterschiedlich ausfielen. Einem dieser Kommissionsvorsitzenden, bei dem 1952 die Durchfallquote bei 26 % (gegenüber nur 8 % bei anderen Kommissionen) gelegen hatte, schrieb er einen groben dienstlichen Brief: „Ihre Kommission gilt in weiten Kreisen unseres öffentlichen Lebens als Mordkommission! Mir ist nicht bekannt, daß andere Kommissionen, bei denen mal zwei oder drei Referendare durchfallen, so bezeichnet werden. Väter und Mütter, die wissen, daß ihre Söhne von Ihnen geprüft werden, verbringen schlaflose Nächte! Ein im öffentlichen Leben stehender, sehr bekannter Mann kam kürzlich so beglückt zu mir, als hätte er das große Los gewonnen. Auf meine Frage nach dem Grund seiner Freude sagte er: ‚Mein Sohn wird nicht von Herrn X geprüft!'"

Es mag dahinstehen, ob Amelunxen mit diesem Schreiben über sein Ziel, eine gleichmäßigere Notengebung im Examen zu erreichen, hinausgeschossen hat. Der Adressat des Briefes konnte nun immerhin den Verdacht äußern, der Justizminister habe sachlich und fachlich unabhängigen Prüfern „Weisungen erteilen" wollen – was Amelunxens Absicht freilich nicht war. Jener Adressat, zweifellos ein Jurist von Graden, hat übrigens kurze Zeit später den Landesdienst verlassen und wurde auf einen hohen Posten bei einer internationalen Behörde berufen.

Justiz und Öffentlichkeit

Dem großen Leitziel Amelunxens – Überwindung der Rechtsfremdheit des Volkes und der Volksfremdheit der Juristen – dienten auch die Einführung des rechtskundlichen Unterrichts an den Schulen von Nordrhein-Westfalen (seit 1955) und die schon seit 1951 regelmäßig durchgeführten „Juristenwochen" für Richter und Staatsanwälte, für Rechtspfleger und für Referendare; auf diesen Tagungen wurden – und werden bis heute – den Juristen von ausgewiesenen Sachkennern Einblicke in außerrechtliche Fachgebiete vermittelt. Diese Zusammenkünfte (zu Anfang als vermeintliche „Schulungskurse" mißtrauisch aufgenommen) erfreuten sich bald großer Beliebtheit und großen Andrangs, zumal sie in guten Hotels und meist schöner landschaftlicher Umgebung angesiedelt wurden.

Dabei stieß der ländliche Justizminister auch in den internationalen Bereich vor. Im September 1955 ließ er die erste „Deutsch-französische Juristentagung" in Bad Godesberg organisieren. Unter den französischen Teilnehmern waren der Präsident des Appellationsgerichts von Angers, Dr. Mimin, und der Generalstaatsanwalt beim Appellationsgericht von

Paris, Dr. Rolland. Sie referierten über die „Technik des Urteils" und über die „Stellung des Staatsanwalts im Straf- und Zivilprozeß" des französischen Rechtskreises. Daß derart prominente Gäste aus Frankreich sich nur zehn Jahre nach der Befreiung ihres Landes an einem deutschen Fach- und Freundschaftskongreß beteiligten, war damals keineswegs selbstverständlich – erst nach weiteren zehn Jahren ist solche Kommunikation dann zur freudig praktizierten Regel im ganzen Bundesgebiet geworden.

Als bewußter Anhänger der Idee des Naturrechts (in seiner spätscholastischen, neuere Erkenntnisse aber keineswegs ausschließenden Prägung) betonte Amelunxen in seiner Rede zur Eröffnung dieser Tagung, daß die Idee, die allen Rechtsstaaten der Welt gemeinsam sei und sie miteinander verbinde, das Prinzip der Gerechtigkeit sei – ein Ideal, das auf Erden in voller Reinheit zwar niemals verwirklicht werden könne, aber als Leitstern über allen Bemühungen, willkürliches Machtstreben auszuschließen und soziales Zusammenleben zu fördern, anerkannt werden müsse.

Amelunxen hob damals die Bedeutung Montesquieus für das deutsche Verfassungsleben hervor, ließ aber auch seinem passionierten Respekt für Napoleons Friedenstaten freien Lauf: „Ebenso wie Montesquieus Lehre übernahm auch die französische Gesetzgebung der napoleonischen Zeit eine für das deutsche Recht wegweisende Rolle. Durch sie erhielten zu Anfang des vergangenen Jahrhunderts alle linksrheinischen Gebiete ihr rechtliches Gepräge. Der Code civil vom Jahre 1804, der wegen seines freiheitlichen Geistes und seiner klaren Sprache Ruhm erlangte, findet sogar heute noch hier auf diesem linksrheinischen Boden in einzelnen Bestimmungen Anwendung. Sowohl der Code civil als auch die übrigen großen französischen Kodifikationen jener Zeit bildeten später eine der wesentlichen Grundlagen für das große Gesetzgebungswerk, das nach der Errichtung des Deutschen Reiches von 1871 geschaffen wurde".

Häufige, oft von ihm selbst geleitete Sondertagungen organisierte Amelunxen zwischen Richtern und Staatsanwälten einerseits sowie Vertretern von Gewerkschaften und Arbeitgeberverbänden andererseits.

An den Land- und Oberlandesgerichten von Nordrhein-Westfalen wurden Pressestellen eingerichtet, um die Journalisten zuverlässig über die tägliche Arbeit der Justiz zu unterrichten. Auch die Leiter dieser Stellen wurden gezielt auf Fachkonferenzen mit dem Zeitungs- und Rundfunkwesen vertraut gemacht. Amelunxen empfahl allen Richtern, engen Kontakt zu den Vertretern der Presse zu unterhalten, und er mahnte wörtlich: „Enger Kontakt ist immer persönlicher Kontakt!"

Bei all diesen Aktionen, die damals ungewöhnlich waren und allgemeines Aufsehen erregten, verfolgte Amelunxen den Zweck, das Gerichtswesen einzubetten in das öffentliche Leben einer demokratischen Staatsordnung.

Das brachte er, den Tag überdauernd, auf diese Formel: „Wir brauchen Lebensjuristen, keine juristischen Gartenzwerge!"

Sturz der Regierung Arnold

Im Februar 1956 wurde das Kabinett Arnold durch ein Mißtrauensvotum im Düsseldorfer Landtag gestürzt. Das Votum war von einer Gruppe der FDP, genannt „Jungtürken", initiiert worden, um eine SPD-FDP-Regierung ans Ruder zu bringen. Das überraschende Abstimmungsergebnis – 102 Stimmen für, 96 gegen den Mißtrauensantrag – wurde von persönlich verärgerten CDU-Politikern und auch von Zeitgeschichtlern teilweise der Zentrumsfraktion zugeschrieben, von der in der Tat mehrere Abgeordnete gegen den Ministerpräsidenten Arnold gestimmt haben dürften. Mit Sicherheit kann heute gesagt werden, daß Amelunxen nicht zu diesen Abgeordneten gehörte. Er hat unmittelbar nach der Abstimmung dem Verfasser erklärt: „Ich habe für Arnold votiert". Es besteht kein Anlaß, an diesem Bekenntnis zu zweifeln.

Freilich war das vorher so gute persönliche Verhältnis zwischen Arnold und Amelunxen seit diesem Zeitpunkt abrupt zerstört. Wenn Amelunxen später gelegentlich wegen seines vermeintlichen Stimmverhaltens von CDU-Kreisen als „allerchristlichster Verräter" beschimpft wurde, so verboten es ihm sein politisches Taktgefühl wie auch sein Verständnis vom demokratischen Wahlgeheimnis, sich dagegen ausdrücklich zu wehren. Daß nun ein SPD-FDP-Kabinett das Land Nordrhein-Westfalen regierte, betrachtete er andererseits nicht als nationales oder auch nur regionales Unglück – wie schon daraus erhellt, daß er selbst dieser Regierung als Zentrums-Mann beitrat, wiederum und weiterhin als Justizminister.

Mit den meisten Angehörigen des neuen Kabinetts verbanden Amelunxen bald solide Beziehungen des Vertrauens und der Kooperation, insbesondere mit dem Ministerpräsidenten Steinhoff und dem FDP-Kultusminister Luchtenberg, dem er später eine kleine Gedächtnisschrift gewidmet hat.

Ein Minister als Literat

Neben dem, was er für die Pflicht seines Amtes hielt, fand Amelunxen auch in diesen Jahren wieder Zeit für seine literarischen Neigungen, für eigene Publikationen. Seine gesammelten Reden als Oberpräsident, als Ministerpräsident und als Sozialminister waren bereits in drei Bänden erschienen. Es folgten Namens- und Meinungsartikel in Zeitschriften und Tageszeitungen. 1952 konnte er endlich seinen – während der Nazizeit noch nicht abgeschlossenen – Geschichtsroman „Das Kölner Ereignis" veröffentlichen, der ihm einigen kirchenpolitischen Ärger mit dem Kölner Domkapitel eintrug (die Domini glaubten das Andenken ihrer hochseligen Vorgänger aus dem 19. Jahrhundert posthum verunglimpft zu sehen, kehrten aber bald auf die Linie der Vernunft zurück).

1957 folgte das Buch „Kleines Panoptikum – Acht Männer und eine Frau", in dem Amelunxen prominente Zeitgenossen, die ihn positiv oder auch negativ beeindruckt hatten, in humorigen oder ironischen Kurzporträts vorstellte. Auch hier scheute er nicht den Tritt in die Fettnäpfe, zumal die meisten der Glossierten damals keineswegs tot, sondern noch quicklebendig waren – wie etwa der forsche „Herrenreiter" Franz von Papen.

Das „Kölner Ereignis" erlebte zwei, das „Kleine Panoptikum" drei Auflagen.

Otto Braun – Tod und Vermächtnis

Als Amelunxens verehrter Freund und Förderer, der große Sozialdemokrat Otto Braun 1955 in der Schweiz starb, durfte er ihm, was er als besondere Ehre betrachtete, den Nekrolog im Nordwestdeutschen Rundfunk halten. Seinem ambivalenten Verhältnis zum Preußentum gab er mit diesen Worten Ausdruck: „Von 1920 bis 1932 war er (Otto Braun) Ministerpräsident in Preußen... Braun, der in der einstigen kaiserlichen Zeit als angeblicher Hochverräter in preußischen Gefängnissen saß, war es gelungen, aus dem alten stockreaktionären Preußen mit seinem Dreiklassen-Wahlrecht, unter dessen Geltung der Untertanenverstand nach dem Einkommen gemessen wurde, eine fortschrittliche Demokratie zu machen. In jenen, von sozialen Spannungen erfüllten Jahren war Preußen der feste Hort der Demokratie in Deutschland, der ruhende Pol im sozialen und wirtschaftlichen Leben des deutschen Volkes, während in der gleichen Zeitspanne in schneller Folge eine Reichsregierung die andere ablöste..."

Nicht ohne Rührung nahm Amelunxen wenig später ein Vermächtnis in Empfang, das Otto Braun ihm testamentarisch ausgesetzt hatte: ein großes Porträt des Papstes Pius XI. mit dessen Unterschrift und Siegel, gefaßt in rotem, goldverziertem Lederrahmen, inkrustiert mit dem päpstlichen Wappen in feinster Juwelierarbeit. Das Bild hatte der seinerzeit regierende Papst 1929 nach Abschluß des Konkordats zwischen Preußen und dem Heiligen Stuhl dem Ministerpräsidenten Braun überreichen lassen – anstelle eines hohen päpstlichen Ordens, den dieser nicht annehmen mochte. Überbringer der Gabe war der damalige päpstliche Nuntius Eugenio Pacelli gewesen, mit dem der damalige preußische Ministerialrat Rudolf Amelunxen den Konkordatstext in Berlin ausgehandelt hatte...

So erhielt Amelunxen für eine lange zurückliegende diplomatisch-diskrete Tätigkeit, die in der Öffentlichkeit nicht bekannt geworden war, eine späte, ebenso diskrete Belohnung, die seinem historischen Geschmack ganz und gar entsprach. Er hat den einstigen Verhandlungspartner Pacelli, der inzwischen längst als Pius XII. den Stuhl des Petrus bestiegen hatte, noch einmal 1956 in Rom besucht.

IX. Letzte Jahre der Stille

Abschied vom Parlament

1958 wurde die Zentrumspartei nicht mehr in den Landtag von Düsseldorf gewählt, und damit endete auch das Abgeordnetenmandat ebenso wie das Ministeramt ihres bekanntesten Vertreters. Rudolf Amelunxen war um die gleiche Zeit 70 Jahre geworden. Das ihm aus diesem Anlaß offerierte Großkreuz des Verdienstordens der Bundesrepublik schlug er aus, wie er bereits seit dem Ende des Ersten Weltkriegs jegliche Ordensauszeichnung abgelehnt hatte – darunter so herrliche Insignien wie die japanischen Chrysanthemen, das Oranienkreuz der Niederlande, den persischen Löwen, den äthiopischen Menelik-Orden, den päpstlichen Pius-Orden und die „Sonne von Peru". Wenn er insoweit auch für sich persönlich die Weimarer Tradition seiner Berliner Zeit konsequent befolgte, so gab es doch viel verdiente Mitarbeiter und andere Bürger, die ihre eigenen Ordensauszeichnungen dem Vorschlag und der Fürsprache Amelunxens zu verdanken hatten.

Ein „Offener Brief"

Wenige Monate vor seinem Ausscheiden aus dem öffentlichen Amt hat Amelunxen in der „Frankfurter Allgemeinen Zeitung" einen „Offenen Brief: Meine Herren Bundestagsabgeordneten!" publiziert. Damit wandte er sich – man kann es als ein Stück persönlich-politisches Vermächtnis betrachten – an die Mitglieder des damals neugewählten, dritten deutschen Bundesparlaments.

Es hieß in diesem Brief: „Wer seine eigene Arbeitsfähigkeit und das Wohl seiner Familie im Auge hat, wird sich entschließen müssen, alles zu tun, um nicht der bedrohlichen Managerkrankheit anheimzufallen... Sie ist die Wirkung von allzu großer Betriebsamkeit, von zu starkem Ehrgeiz, übersteigerter Gewinnsucht und fast immer der Unfähigkeit, wichtige Dinge von den unwichtigen zu unterscheiden".

Als konkreten Ratschlag hatte Amelunxen parat: „Jeder Parlamentarier, der infolge seines hektischen Hin- und Herreisens und seines Hin- und Herlaufens von einer Sitzung zur anderen, seines Erscheinens bei allen Kongressen, Gedächtnisfeiern und Festakten einem Herzinfarkt erliegt, wird wohl einige Tage mit riesigen Kränzen und überschäumenden Lobeshymnen bedacht sein. Aber sein Name ist durchweg nach einer Woche schon vergessen. Daher gehört bei der Fülle von Einladungen zu Tagungen und Festessen, die dem Abgeordneten täglich zuflattern, in das Arbeitszimmer eines jeden Parlamentariers als unentbehrliches Möbelstück ein geräumiger Papierkorb!"

Der Briefschreiber fuhr fort: „Der Papierkorb ist freilich auch ein gefährliches Möbelstück. Er verleitet zum Mißbrauch. Es soll Abgeordnete gegeben haben, die alle aus dem Lande an sie gerichteten Briefe unbeantwortet in den Papierkorb gleiten ließen, wobei sie sich mit der faulen Ausrede, überlastet zu sein, entschuldigten. Eingaben und Gesuche, die dem Abgeordneten aus dem eigenen Wahlkreis zugehen, müssen gewissenhaft erledigt werden. Ein Abgeordneter darf einen Bittsteller nicht länger als zwei Wochen ohne Antwort lassen! Dieser Grundsatz sollte als gerahmter Wandspruch in jedem Abgeordnetenzimmer in Bonn sichtbar angenagelt werden!"

Dieser Offene Brief (der auch eigenwillig-unkonventionelle Sentenzen über Lobbyisten und Ministerialbürokraten, Uniformträger und Ehrendoktoren enthielt) wurde in zahlreichen Zeitungen auszugsweise nachgedruckt, provozierte eine Flut von Leserpost und wies den Schreiber nochmals als einen Mann aus, der in seinem ganzen Leben nie ein Blatt vor den Mund genommen hat.

Rückzug ins Privatleben

Der Abschied vom Parlament und von seinem geliebten Justizministerium ist Amelunxen nicht leicht geworden, obwohl er oft das Gegenteil behauptete. Er zog sich in den Ruhestand zurück, und bald wurde es still um ihn. Erst 1951 hatte er endlich mit der Familie seinen Wohnsitz ganz nach Düsseldorf verlegt – in eine wiederum bescheidene Mietwohnung, keineswegs in ein eigenes Haus. Er vollendete dort, teilweise anhand der unveröffentlichten Notizen aus den dreißiger Jahren, seine Memoiren, die 1960 unter dem Titel „Ehrenmänner und Hexenmeister" erschienen. Auch mit Aufsätzen, Interviews und Rundfunkkommentaren – so 1959 zum 30. Todestag seines Mentors Carl Sonnenschein – ist er noch hervorgetreten.

Ansonsten lebte er fast so unauffällig, wie er die Zeit des inneren Exils verbracht hatte. Seine engeren Bekannten und wenigen Freunde sind nahezu sämtlich vor ihm gestorben – Ernst Lyon und Alfred Lebenheim, die jüdischen Schulkameraden und Emigranten, Alois Vogels und Friedrich Ratte, die letzten Gefährten aus der Berliner Zeit, auch die Diplomaten Fritz Corsing und Walter Fuchs, die Ordensgeistlichen und gewaltigen Prediger Hubert Becher, Laurentius Siemer und Paschalis Neyer, ebenso der westfälische Landpastor Ferdinand Vorholt aus Mecklenbeck, dessen handfest-klugen Rat er schon als Oberpräsident in Münster oft eingeholt hatte.

Aber mit seiner Frau, die ihn vierzehn Jahre überleben sollte, unternahm Amelunxen doch zahlreiche private Reisen, fuhr nach Italien, Frankreich und in die Schweiz und verbrachte alljährlich mehrere Sommerwochen im Schwarzwald. Er las viel, trieb linguistische Studien wie der alte Cato, führte eine rege Korrespondenz und behielt klaren Kopf bis zum letzten Tag seines Lebens. Wie Winston Churchill verachtete er sportliche Aktivitäten, liebte den schweren Burgunder und die pechschwarzen Zigarren, die ihm selten ausgingen.

Der 80. Geburtstag

So vollendete er 1968, körperlich wie geistig bei exzellenter Gesundheit, sein 80. Lebensjahr. Die Glückwünsche zu diesem Jubiläum waren nicht mehr so zahlreich wie diejenigen, die er noch zum 70. und zum 75. Geburtstag erhalten hatte, füllten aber immer noch einen dicken Aktenordner. Als erfreulichste Adressen empfand Amelunxen das Handschreiben des einstigen Berliner Berufskollegen und Regierenden Bürgermeisters von Hamburg, des großen preußischen Sozialdemokraten Herbert Weichmann, und den Brief des damaligen Justizministers von Nordrhein-Westfalen, Josef Neuberger – der ihm mitteilte, er fühle sich in allen sachlichen Anliegen und Bestrebungen als sein „eigentlicher Nachfolger" (was Neuberger unmittelbar nicht war, weil zwischenzeitlich noch zwei andere Justizminister amtiert hatten).

Auch die Glückwünsche des Deutschen Gewerkschaftsbundes nahm Amelunxen in Erinnerung an eine gute, seit der Sonnenschein-Epoche datierende Zusammenarbeit gern entgegen. Der DGB-Vorsitzende Ludwig Rosenberg hatte Amelunxen einige Jahre zuvor als „Elften Mann" im paritätisch besetzten Aufsichtsrat einer der bedeutendsten deutschen Aktiengesellschaften nominiert. Amelunxen hätte dieses wichtige, so unparteiische wie verantwortungsvolle Amt angenommen. Seine Wahl scheiterte jedoch an (sicherlich respektablen) Erwägungen beteiligter Kreise, die einen noch aktiven hohen Richter als Kandidaten bevorzugten.

Die erstaunlichste „Gratulation" leistete sich der damalige Oberbürgermeister von Düsseldorf. Er scheute nicht davor zurück, ein Formular zu unterschreiben, mit dem allen 80 Jahre alt gewordenen Düsseldorfer Bürgern ein vorfabrizierter Glückwunsch ausgesprochen wurde mit dem erhebenden Hinweis: „Ich erlaube mir, Ihnen eine Ehrengabe von 75 DM durch die Post zu überweisen". Unter sämtlichen Briefen zu jenem Anlaß war dieser der einzige, den Amelunxen nicht beantwortete; er hat damit wohl recht getan, denn derselbe Oberbürgermeister hat später zu Amelunxens Tod weder eine dienstliche noch eine private Kondolenz für nötig befunden. Amelunxen hat erwogen, die ihm tatsächlich übersandte „Ehrengabe" kommentarlos an den Absender zurückgehen zu lassen, sich dann aber entschlossen, sie einer karitativen Organisation zu spenden. Privat glossierte er das Verhalten des Kommunalpolitikers mit der Bemerkung, die er stets bei borniertem Taktlosigkeiten von sich gab: „Jeder blamiert sich so gut wie er kann..."

Er verbrachte diesen, seinen letzten Geburtstag im engsten Familienkreis außerhalb der wenig dankbaren Landeshauptstadt, in der er seit langem wohnte, in der er zwölf Jahre als Regierungschef und Minister amtiert hatte. Mit Frau, Sohn und Schwiegertochter zog er sich einige Tage zurück und besichtigte erst später die Blumenkörbe, die sich zu Hause angesammelt hatten.

Tod und Begräbnis

Die Krankheit zum Tode kam rasch und gnädig. Sie beendete sein Leben am frühen Morgen des 21. April 1969. Ursache des Todes war ein fast schmerzloser, unerkannt gewachsener „Alterskrebs", der Magen und Lunge befallen hatte.

Entgegen häufiger Behauptung ist Rudolf Amelunxen nicht in Düsseldorf gestorben, und er hat auch kein Staatsbegräbnis erhalten. Er starb in dem sauerländischen Dorf Grafschaft, unweit von Fredeburg, im Krankenhaus der schlesischen Katharinenschwestern, die er selbst als Sozialminister dorthin zum Kampf gegen die Bergmannskrankheit Silikose berufen hatte. Von Grafschaft wurde die Leiche nach Düsseldorf überführt und auf dem Nordfriedhof beigesetzt. Das Pontifikalrequiem zelebrierte ein Weihbischof der Kölner Erzdiözese.

Ein Staatsbegräbnis lehnte die Familie ab, weil sie glaubte, im Sinne des Toten so handeln zu sollen. Die Landesregierung von Nordrhein-Westfalen hat aber, in Person ihres Ministerpräsidenten Heinz Kühn und mehrerer Minister, an der privaten Beerdigung teilgenommen. Eine Hundertschaft der Polizei war angetreten. Ihre Kapelle spielte am offenen Grab die Nationalhymne. Zur Trauerfeier im Düsseldorfer Landtag erschien der Bundespräsident Heinrich Lübke. Er hat Leben und Wirken des Toten, in dessen Kabinett er einst Minister gewesen war, persönlich ergreifend gewürdigt.

Justizminister Neuberger aber, jener „eigentliche Nachfolger", sagte in seiner Ansprache: „Aus seinem Weltbild ist alles zu begreifen, was Amelunxen in seiner Amtsperiode als Justizminister geschaffen hat. Er hat Probleme angerissen – ich möchte sagen, seherisch – die heute brennend aktuelle justizpolitische Tagesfragen sind. Er hat solide Fundamente gelegt, auf denen wir, seine Schüler und Nachfolger, aufbauen können. Die menschliche Größe der Persönlichkeit Amelunxens sollte uns ein Ansporn sein, noch vieles zu erreichen, was zu erreichen ihm nicht mehr vergönnt war... Amelunxen hat das Justizministerium nicht verwaltet. Er hat ihm weitreichende, schöpferische, menschliche Impulse gegeben. Er gab in einem reichen, erfüllten Leben die Antwort auf die brennenden Fragen der Zeit, so wie der katholische Denker Romano Guardini es einmal gesagt hat: aus der Wachheit des Geistes, aus der Verantwortung des Gewissens und aus der Noblesse des Herzens".

Ob er ein Staatsmann war...

Vierzig Jahre Dienst am sozialen Rechtsstaat, wenn man sie auf die Zeit von 1918 bis 1958 eingrenzen will – wie umschreiben wir das Porträt des westfälischen Demokraten und deutschen Patrioten Rudolf Amelunxen? In einiger Verlegenheit ist man geneigt, nach Ausdrücken in fremden Sprachen zu suchen. Er war ein Mann des „civil service" nach englischem und ein „homme d'état" nach französischem Verständnis, gewiß auch – sein publizistisches Werk zeugt dafür – ein „homme de lettres" und nach seiner Wirkung wohl doch ein Politiker – „malgré lui", trotz seiner selbst, wie wiederum die Franzosen fast unübersetzbar sagen.

Ob er, über das alles hinaus, ein Staatsmann gewesen ist? Es spricht manchens dafür, auch einiges dagegen. Er hat nicht dem Land Nordrhein-Westfalen seinen persönlichen Stempel aufgeprägt – dazu war seine Zeit als Regierungschef zu kurz, und er war auch nicht der Typ des „Landesvaters" – aber sicherlich doch dem Sozialwesen und dem Rechtsleben dieses Landes. Er hatte seine Seele, nach Justus Möser, mit „gesunden Wahrheiten gefüttert", die Zweifel oder Selbstzweifel selten aufkommen ließen. Diese Wahrheiten wurden nicht überall gern gehört, und auch seine „goldenen Rücksichtslosigkeiten", die nach Theodor Fontane wie Gewitter erfrischen können, haben ihm manchen Gegner geschaffen.

Gewisse geistige Unbeweglichkeiten und Denkblockaden, auch Einseitigkeiten in der (bisweilen monokausalen) Beurteilung von Zeiterscheinungen und historischen Zusammenhängen, hat man ihm nicht ganz ohne Grund vorgeworfen. Freilich bleibt zu bedenken, daß es gerade zu Lebzeiten Amelunxens viele Gedanken und Ideen gab, die überbetont werden mußten, damit sie sich wenigstens teilweise durchsetzen konnten.

Enfin – ob er ein Staatsmann war, darüber mögen die überlebenden Zeitgenossen streiten, pro und contra mit jeweils soliden Gründen. Die Geschichte wird es entscheiden. Dem Sohn ziemt es nicht, ein Urteil abzugeben. Aber auch er darf mit den Worten schließen, die er vor fast zwei Jahrzehnten in die Todesanzeige des Vaters schrieb: „Er hat der Republik gedient und der Tyrannis widerstanden. Er hat die Gerechtigkeit geliebt, das Unrecht gehaßt und vielen Menschen Gutes getan. Wir danken Gott für ein großes Leben".

Die Stadt Köln, in der er geboren wurde, hat 1984 eine Straße nach Rudolf Amelunxen benannt. Sonstige posthume Ehrungen sind ihm bisher nicht zuteil geworden. Keine öffentliche Einrichtung, kein Platz, keine Gedenktafel trägt seinen Namen.

Zeittafel

1888 Rudolf Amelunxen in Köln geboren (30. 6.).

1909 Abitur. Beginn des Studiums der Rechte, der Geschichte und der Volkswirtschaft.

1912 Erste juristische Staatsprüfung. Referendarausbildung. Mitarbeiter Carl Sonnenscheins.

1914 Promotion in Erlangen. Militärdienst.

1915 Juristischer Hilfsarbeiter in der deutschen Verwaltung der besetzten belgischen Gebiete in Brüssel. Mitglied des Belgischen Roten Kreuzes.

1916 Deutscher Zivilkommissar in Namur/Belgien.

1919 Zweite juristische Staatsprüfung. Hilfsrichter, Gerichtsassessor in Köln. Regierungsassessor in Berlin. Regierungsrat im preussischen Wohlfahrtsministerium.

1921 Oberregierungsrat.

1922 Berufung in die preußische Staatskanzlei in Berlin. Persönlicher Referent des Ministerpräsidenten Otto Braun.

1923 Ministerialrat.

1926 Heirat mit Maria Schmidt. Regierungspräsident in Münster. Vorsitzender des Volkswirtschaftlichen Prüfungsamts der Universität Münster.

1927 Geburt des Sohnes Clemens.

1932 Amtsenthebung beim Papen-Putsch auf Preußen. Übersiedlung von Münster nach Bad Godesberg.

1934 Übersiedlung nach Wuppertal-Elberfeld.

1943 Ausbombung. Übersiedlung nach Fredeburg/Sauerland.

1944 Dienstverpflichtung als Metallarbeiter.

1945 Rückzug in ein Versteck vor politischer Morddrohung. Befreiung durch amerikanische Fronttruppen. Ernennung zum (letzten) Oberpräsidenten der Provinz Westfalen.

1946 Mitglied des Zonenbeirats für die britische Besatzungszone. Ernennung zum (ersten) Ministerpräsidenten des Landes Nordrhein-Westfalen. Kurzfristig gleichzeitig Kultusminister.

1947 Landtagsabgeordneter. Sozialminister des Landes Nordrhein-Westfalen.

1949 Bundestagsabgeordneter (Mandatsverzicht). Kandidat zum Amt des Bundespräsidenten.

1950 Justizminister des Landes Nordrhein-Westfalen Mitglied des Bundesrats.

1958 Rückzug aus dem öffentlichen Leben. Ehrenmitglied der Akademie für Internationales Recht in Den Haag.
1960 Memoiren „Ehrenmänner und Hexenmeister".
1969 Tod in Grafschaft/Sauerland (21. 4.). Begräbnis in Düsseldorf.
1984 Die Stadt Köln benennt eine Straße nach Rudolf Amelunxen.

Bibliographie

Rudolf Amelunxen hat folgende Bücher geschrieben:

1. Studentische Jugendgerichtshilfe. M. Gladbach 1911.
2. Großstadtelend. M. Gladbach 1913.
3. Rechtsstudium und Sozialarbeit. M. Gladbach 1913.
4. Die Verletzung der Unterhaltspflicht des unehelichen Vaters (Dissertation). Erlangen 1914.
5. Wir wollen weiterleben. Ansprachen des Oberpräsidenten der Provinz Westfalen. Dr. Rudolf Amelunxen. Emsdetten o. J. (1945).
6. Wege zum Volksstaat. Ansprachen des Ministerpräsidenten Dr. Amelunxen. Düsseldorf 1947.
7. Kampf gegen Not. Ansprachen des Sozialministers Dr. Amelunxen. Essen/Kettwig 1948.
8. Das Kölner Ereignis. 2. Aufl. Essen 1956.
9. Kleines Panoptikum – Acht Männer und eine Frau. 1.–3. Aufl. Essen 1957.
10. Ehrenmänner und Hexenmeister – Erlebnisse und Betrachtungen. München 1960.
11. Paul Luchtenberg – Ein Leben moderner Kulturarbeit. Düsseldorf 1965.
12. Tagebuch-Kapitel 1926–1932 (Unveröffentlichtes Manuskript, 290 Blätter).

Literatur

Das Verzeichnis beansprucht keine zeitgeschichtliche Vollständigkeit. Es enthält eine Auswahl von Titeln, die der Verfasser gelesen hat, und die er – unter welchem Aspekt auch immer – für die Beurteilung Rudolf Amelunxens als wichtig erachtet.

Adenauer, Erinnerungen 1945–1953. Stuttgart 1965.
Adenauer, Erinnerungen 1953–1955. Stuttgart 1966.
Adenauer, Briefe 1945–1947. Berlin 1983.
Behr, Vom Chaos zum Staat. Männer, die für uns begannen 1945–1949. Frankfurt/Main 1961.
Bleibtreu, Ein demokratischer Justizminister. Zum 70. Geburtstag Rudolf Amelunxens. DRiZ 1958, 158.
Böhnke, Die NSDAP im Ruhrgebiet 1920–1933 (Schriften des Forschungsinstituts der Friedrich-Ebert-Stiftung, Bd. 106). Bonn/Bad Godesberg 1974.
Braun, Von Weimar zu Hitler. 2. Aufl. New York 1940.
Brüning, Memoiren 1918–1934. Stuttgart 1970.
Denzer (Herausg.), 40 Jahre Parlamentarismus in Nordrhein-Westfalen. Düsseldorf 1986.
Först, Kleine Geschichte Nordrhein-Westfalens. Düsseldorf 1986.
Först (Herausg.), Aus dreißig Jahren – Rheinisch-westfälische Politiker-Porträts. Köln/Berlin 1979.
Gollancz, In darkest Germany. London 1947.
Heuss, Tagebuchbriefe 1955–1963 (Herausg. Pikart). Stuttgart 1970.
Hoegner, Der schwierige Außenseiter. München 1959.
Hüwel, Karl Arnold. Eine politische Biographie. Wuppertal 1980.
Keil, Erlebnisse eines Sozialdemokraten. Stuttgart 1947.
Keinemann, Von Arnold zu Steinhoff und Meyers. Politische Bewegungen und Koalitionsbildungen in Nordrhein-Westfalen 1950–1962. Münster 1973.
Köhler, Das Land aus dem Schmelztiegel. Die Entstehungsgeschichte Nordrhein-Westfalens. Düsseldorf 1961.
Köhler, Rudolf Amelunxen. Düsseldorf 1958.
Kühn, Widerstand und Emigration 1928–1945. Hamburg 1980.
Mende. Die FDP. Daten – Fakten – Hintergründe. Stuttgart 1972.
Meyers, gez. Dr. Meyers. Summe eines Lebens. Düsseldorf 1982.
Pakenham, Born to Believe. An Autobiography. London 1953.
Presse- und Informationsamt der Landesregierung Nordrhein-Westfalen (Herausg.), In memoriam Dr. Rudolf Amelunxen. Düsseldorf o. J. (1969).
Pünder, Von Preußen nach Europa. Stuttgart 1968.
Rombeck-Jaschinski, Heinrich Drake und Lippe (Düsseldorfer Schriften zur Neueren Landesgeschichte Nordrhein-Westfalens, Bd. 12). Düsseldorf 1984.
Schwering, Frühgeschichte der Christlich-Demokratischen Union. Recklinghausen 1963.
Severing, Mein Lebensweg. Köln 1950.
Siemer, Aufzeichnungen und Briefe. Frankfurt/Main 1957.
Staatsbürgerliche Bildungsstelle der Landesregierung Nordrhein-Westfalen (Herausg.), Baustein zum neuen Reich – Landtagseröffnung Nordrhein-Westfalen 2. Oktober 1946. Düsseldorf 1946.

Stadtmuseum Düsseldorf und „Rheinische Post" (Herausg.). Neuanfang – Leben in Düsseldorf 1946. Düsseldorf 1986.

Statistisches Landesamt Nordrhein-Westfalen (Herausg.), Ross, Rhein und Rose. 25 Jahre Nordrhein-Westfalen. Wuppertal o. J. (1971).

Stresemann, Mein Vater Gustav Stresemann. Frankfurt/Berlin/Wien 1979/1985.

Thomas, Deutschland, England über alles. Rückkehr als Besatzungsoffizier. Berlin 1984.

Trees/Whiting/Omansen, Drei Jahre nach Null. Geschichte der britischen Besatzungszone 1945–1948. Düsseldorf 1978.

Wenzlau, Der Wiederaufbau der Justiz in Nordwestdeutschland 1945–1949. Königstein/Ts. 1979.

Weymar, Konrad Adenauer. Die autorisierte Biographie. München 1955.

Wieck, Die Entstehung der CDU und die Wiederbegründung des Zentrums im Jahre 1945. Düsseldorf 1953.

Zuhorn, Zur Vorgeschichte der Bildung des Landes Nordrhein-Westfalen (Westfälische Forschungen, Bd. 8). Münster/Köln 1955.

9 783110 117042